成毛 眞

Makoto Naruke

金のなる人

お金をどんどん働かせ資産を増やす生き方

ポプラ新書

171

はじめに　お金と幸せとレバニラ炒め

若い頃の体験というのは、その後の影響が大きいものだ。

元々、私はお金についてまったくといっていいほど執着がないタイプだが、別に実家が裕福だったというわけではない。小学生の頃、欲しいといったプラモデルを買ってもらえなかったことを今でも思い出す。

とはいえ、我が家が特別に貧乏だったわけではなく、1960年代の当時はみな等しく貧しかったので、ごく一般的な中流階級だったのだ。

高校生になるまでは、小遣いの類は一切もらっていなかった。だが、本だけはいくらでも買っていいルールだった。唯一、自由な娯楽が読書だったのだ。以後、私はひたすら本を読む人生を歩むことになった。

東京の大学に入ってからは、割のいい家庭教師のバイトをしたりして、食うには困らなかったが、羽振りが良かったというほどではない。同級生のなかには、親の金で高級車を乗り回しているような者もいた。それを羨ましいとは思わなかった。逆に、そんなことを羨むタイプの人間は下品であり、付き合うべきじゃないと考えていたのだ。

現在でも、私の感覚は学生時代とあまり変わっていない。

何事においても、妬《ねた》みや嫉《そね》みを持つようなタイプの人と付き合っても何のプラスにもならない。今も同窓会にはあまり足を運ばないが、行ったとしても、二次会には絶対に行かないと決めている。お酒が回って、お金のことで絡まれたり、妬まれたりするのが面倒だからだ。付き合う友人は、数を絞ったほうがいいと思うくらいである。自分と同じくらいの生活レベルか、際立った才能を持っている人たちと一緒にいるほうが断然楽しい。

なお、生活レベルと書いてはみたが、一番好きな食べ物は？　と聞かれたら、冗談抜きに「レバニラ炒め」と答える。町中華を愛しているのだ。学生時代、北海道から東京に出てきて最初に驚いたのは、東京のビル群や歩行スピードではなく、町中華のおいしさだった。

今でもあると思うが、御茶ノ水の聖橋から100メートルほど下りたところ、楽器屋の並びで、聖橋《ひじり》に向かって右側にある店だった。そこで食べたレバニラ炒めがむちゃくちゃおいしく、以来、好物となった。当時の私にとっても決して贅沢な食事だったわけではない。いつでも食べられる値段の、ありがたい店だった。

同じ頃、年上のいとこに高級なしゃぶしゃぶに連れていってもらったが、圧倒的にレバニラ炒めのほうがおいしかった思い出がある。最初に受けた衝撃というのは大きいものだ。

一人5000円のしゃぶしゃぶよりも、500円のレバニラ炒めでいい。むしろ、500円のレバニラ炒めがいいと、今でも思っている。

さて本書はお金についての本だ。

私自身は、若い頃（つまり20代の年収300万円時代）から今に至るまで定期貯金は1円も持ったこともないし、生まれてから今までいかなる生命保険にも入ったことはない。さらに個別株式投資も買ったことはない。ただ単にお金を増やすだけの投資も面白いとは思わない。

では何をしていたかというと、マイクロソフトからの給与で稼いだカネの全額を自分の事業と、信頼できる友人の事業（ユーグレナなど）に投資したのだ。

あきらかに危険音痴なのだろう。しかもそれで儲かるという確信も特になかったのだ。「失敗したらなくなるなあ」「生活保護だなあ」という感じはあった。ともかく、今はお金を貯めるよりも、お金を稼ぐほうがはるかに楽な時代だ。20年前と比べたら、副業などでいろいろできるのだ。

それに、投資とは必ずしも金融機関経由の商品だけではない。自分や友人に金銭だけでなく経験という投資をすることも投資なのだ。そして知識などは自分に投資しながら得る時代である。

そして、何より大切なのは「お金をたくさん持って、何をしたいのか？」ということだ。

いい換えるなら、「一度きりの人生を自分らしく幸せに生きるためにお金がいくら必要か考えたことがありますか？」ということになる。

まずは、あなたにとって「幸せな人生」に必要な予算を考えてみるべきだ。具体的にお金を稼ぎたい、資産を増やしたい、将来が心配など、どうこう考えるのは、それをしてからだ。これについては第1章で述べる。

一つだけいえることがある。お金は「貯める」より「増やす」より「節約する」より、やはり「稼ぐ」ものだということだ。「稼ぐ」ことは人生でもっとも面白いことの一つだし、結果もわかりやすい。40、50代からも守りに入ることなく、さらに稼ぐつもりで人生と仕事を楽しむべきだ。

ということで、第2章では、稼ぐために必要になる考え方をまとめた。現状、何かを変えたいと思っている人は今の自分と比較しながら参考にしてほしい。

第3章と第4章は、私の経験をもとにした具体的なお金の使い方やお金との付き合い方だ。稼ぐことはもちろんだが、資産、財産を上手に守ることにもつながる内容になっている。

第5章は「投資」について。おすすめしたい投資信託もあげた（といっても読んでもらえばわかるが一択だ）。自己責任で積極的に運用し、本業や副業の稼ぎにもつなげてほしい。

最後の第6章は「未来の資産を考える」と題し、みんなが今「お金」だと思っていないものが資産になるということをしっかり理解してもらいたいと思い、これからの「お金」についての潮流をまとめた。

この通り、お金の本といっても、老後までに2000万円貯める！　投資でいくら儲ける！　のような類いの本ではない。

お金との付き合い方、向き合い方を見直し考え直して、自分らしく楽しく幸せな人生を送るための一冊といえる。

お金について真剣に考え論理的に行動できれば、お金に踊らされるなんてことはなくなり、あなたの資産が極端に減ることはないだろうし、大きく稼いで増やすことだって可能だろう。

私はインスパイアで投資事業をやってきたので、どんなビジネスに投資するのか、その基準は何かと、投資ポリシーについて聞かれることがある。

自分自身の感覚としては、決して「逆張り」をしているわけではないし、お金の匂いを確実に嗅ぎわけているというのとも異なる。

それよりも、長い目で見て、投資先に自分が手をかけると伸びる、IPO（新規公開株式）まで持っていけるなというイメージが持てるかどうかで判断している。

野菜を育てている感覚に近いかもしれない。種を選び、土を耕し、水をあげ、数ヶ月後に収穫する。漁師のように、大物を一本釣りするのとはまた違う。まるで農業だ。

お金全般について、この農業的な感覚は必要だろう。

ビジネスでも投資でも運用でも何でも、「金のなる種」をどうまき、どう

「金のなる木」を育て、「金のなる人」になるか。

今すぐ稼ぎたい、明日儲けたい、などと思っていては、お金は生まれないし、そのお金に上手く働いてもらうことはできないし、どんどんと増えていくことはない。

本書の「金のなる人」というのは、決して「お金持ち」というわけではなく、生きる上で、お金の不安に悩まされず、自由に自分の人生を選択できる人のことである。

あなたにとってのレバニラ炒めがわかれば、おのずとあなたがとるべき行動は見えてくるはずだ。本書がそのヒントになれば幸いだ。

成毛 眞

金のなる人／目次

第2章
「稼ぐ人」の思考法

第3章

お金はロジカルに使え　67

無駄に減らさないで資産を守る

第4章　最高の買い物、価値あるお金の使い方　99

第1章

あなたはお金を持って、何がしたいのか

あなたの「幸せな人生」に必要な予算は？

「お金」について考えるにあたって、まず想像してみてほしい。あなたにとって理想の暮らしとはどんなものか？　それを続けるために、どれだけのお金が必要か？

あなたの人生にとっては、そのために必要な分の資産があればよく、逆にいうとそれ以上は稼ぐ必要がない。「将来が不安だから少しでも多く稼ぎたい」とか、「一生かかっても使いきれないほどのお金が欲しい」とか思っているのならば、それは子供じみたほど臆病か、愚かしいほどの強欲だ。

お金を考える上で大事なのは、どんな生活がしたいのか、どんな人生を送ることができれば幸福なのかという具体的なイメージなのだ。

そのイメージがなく、将来に対して闇雲に不安を抱いていたり、稼げるなら無限に稼ぎたいと思っていたりしたら、「お金」に対する理解が足りていないので、一度立ち止まって考え直したほうがいい。

まず考えるべきなのはゴールなのだ。今後の人生でいくら稼ぐ必要があるのか。満足のいく暮らしにいくらの資産が必要なのか。そのゴールの感覚がなければ、いざ資産を作ろうという段になって、お金を増やすことにも、守ることにも失敗する。

いくら稼げばいいのかというゴールを定めた上で、自分がしたい生活とその維持に必要な資金が、現時点で足りないとしよう。そのとき初めて、いつ、どうやってゴールに到達すればいいか具体的に考えるのだ。たとえば手持ちのお金で金融商品を買うという選択肢が出てくる。それでも足りなければ、副業を始めるなどの手段もある。

逆にいえば、ゴールが決まっていないのに不安だからと投資を始めたり、資産形成セミナーに行ったりするのはまったく意味がないのだ。

要するにビジネスと同じである。一定の期間中にどれだけの売り上げが必要か、どれだけのコストがかかるか、まずは予算を組むのが当たり前だ。

それに加えて、シンプルだが大事なのは、お金を無駄に減らさないことだ。最近は「体験価値が大事」「経験にこそ価値がある」といって、派手にお金を使おうとする人たちがいる。身の丈に合わない食事や旅行に出かけてはSNSに投稿したりしているが、それが一体何の価値を生んでいるのか。一般のサラリーマンが特別な理由もなく3万円の食事をするというのは、バカげている。予約が半年先のレストランや、一人あたり数万円のコースなど、冷静に考えれば少しおかしいと思わないだろうか。

ラグジュアリーブランドの服や鞄を持つのも、ステータスのためというのならやめたほうがいい。自分以外の人間の価値観に踊らされて、むやみやたらと支出していては、資産はいつまで経っても増えない。

予算を組んで生活をする、というのは旅行がいい例である。私の場合、旅行に出かけるのは1年間で2回だけだ。海外のクルージングと、1週間のドライブ旅行を年1回ずつと決めている。この二つ以外の旅行はしない。せいぜい別荘に行くくらいだ。週末ごとに出歩くこともない。そうすると、毎年旅行に使う金額がほぼ決まってくる。

こうした金額を現実的に足し合わせていけば、満足できる暮らしに必要な予算は見えてくるだろう。年間で〇〇〇万円ということが見えたら、その予算に足りるように稼げばよい。また、予算にない支出についても敏感になる。

このようにして、大まかにでも自分の人生に必要な予算を算出することで、初めて「お金」と向き合う資格を得るのである。

金額以上の価値を生み出すことを考える

幸いなことに、現在、私はある程度のお金を自由に使える立場にある。そこで、私の暮らしと金銭感覚のディテールについて、少し書いてみよう。

昔、ホリエモンこと堀江貴文との会話のなかで、「お金を自由に使えるようになって一番嬉しかったこと」が一致した。それは、値段を気にせず買い物ができることとだ。

といっても不動産やスーパーカー、ジェット機のような高額商品についての話ではない。デパ地下で「これとこれとこれ」と、値段を見ずに買う程度のことだ。せいぜい３０００円から1万円程度のスケールである。

「値段を見ない」のボーダーは、どんなに高くとも100万円だ。100万円以上のものを買うときは、投資的な感覚になってくる。よくも悪くも、「それが次にどんな価値を生むか」という意識が生まれるということだ。

たとえば、車を買うときは、できるだけ下取り価格が高くなるものを買ってしまう。もしくは、安全性が高い車にし、事故による損失を減らそうとする。ただ見た目がカッコいいからとか、何となく気に入ったからといった理由では買い物ができない。何らかの合理性や付加価値を求めてしまうのだ。

私は基本的に豪華なレストランへは行かない。料理が一皿出てくるたびに15分待ち、一通りのコースが終わるまでに都合2時間かけて食事をするような店で、身じろぎもせず、ワインや食事が出てくるたびに、そのおいしさを延々と論評する。そんなことを強いられるかと思うと、うんざりしてしまう。これは生来の性格の問題だ。

そういったいわゆる「高級店」に自分では行かないのだが、例外的に赤坂にある某小料理屋には、もう何十年も通っている。それには理由がある。

その店は値段は高いが、常連はみな、ちょっといいものを出す居酒屋のような感覚で飲んでいる。私はある皇族の方に連れていってもらったのが縁になった。そこで仲良くなったのが小泉元総理だった。その後、小泉さんとはゴルフをする仲にまでなる。つまり、普段とは異なる人々との出会いがあることを、その店へ通う付加価値として見いだしているわけだ。

本音をいえば、たった数百円の弁当を選ぶようなときでも、つい付加価値を考えてしまう習慣がある。「そういえば、ちょうど食べ物の本を書きかけだな」というときは、食べたことのない食材の入った弁当を試してみたり、あえて何度も食べたことのあるシュウマイ弁当を買って、その味を確かめたりする。パッと見ておいしそうとか、そのとき無性に食べたいからといったことは関係ない。「おいしそう」を単純に消費するのではなく、次の価値を生み出すための意味付けをしてしまうのだ。

一般的に「お金持ちほどケチだ」とよくいわれるが、その通りだ。つまり、お金に対してレバレッジをかける感覚があるということだろう。価値観に合わない支出はしない。使うときは、その金額以上の価値を生み出すことを考える。この感覚に関しては、金額の大小や、資産の過多は、あまり関係がない。

お金の使い方が「面白い人」から学ぶ

お金の使い方が上手い、下手というのはあらゆるところで語られていることだし、私があらためて語ることでもないだろう。だが、お金の使い方を学ぶならば、できるだけ極端な人、エクストリームな人を見るのが一番いい。使うにしても儲けるにしても、エクストリームな人は「お金の価値観」がハッキリしているからだ。

価値観が定まっていない人が、ファイナンシャルプランナーが運営している「お金の無料相談」などに行って、一般人の家計簿の事例を見せられても（自分と立場が似ている例だとしても）、本質的には何の参考にもならない。結局、他人の価値観を押し付けられることになるのがオチだ。

極端に突き抜けた人を見ると、ひるがえって、自分の価値観を客観的に見つめることができる。極端な人との違いを測ることで、価値観の座標に点を打つのだ。

私が知っているなかで、「お金の使い方が面白い」と思う人物としては、前述したホリエモンこと堀江貴文がいる。彼は実にエクストリームな価値観の持ち主だ。かつてはヒルズ族といわれた彼だが、今では家も車もオフィスも持っていない。「スマホと服があれば生活できる」とし、毎日ホテル暮らしだ。移動はすべてタクシーである。服はシーズンごとにほぼ買い替え、普段持ち歩かない荷物は収納サービスを利用しているそうだ。ここまで徹底して「物を持たない」というのは、なかなか真似できるものではない。所有せずに利用することの合理性を追求し、お金を使うことで〝時間の価値〟を最大化しようとしている。

派手な使い方という点では、ビル・ゲイツは本当に突き抜けていた。普段はまったく浪費家の印象がない彼だったが、ここぞというときはスケールの違う使い方をしていたのだ。

象徴的だったのが結婚式だ。彼の結婚式は1月1日にハワイのラナイ島で行われた。島にある二つのホテルを全室押さえ、ヘリコプターとフェリーもすべてチャーターした。また、島民4000人以上を結婚式のために雇用し、海岸を警備させた。当日はゲストだけを迎え、マスコミを寄せ付けないためだった。ちなみに、マイクロソフト共同創業者のポール・アレンは戦闘機で行ったそうだ。

こんな話を聞いていると、ちまちまやっていても仕方ないと思えてくる。だからといって、ガンガン使ったとしてもたかがしれている。

「お金を稼ぐこと」は面白いゲーム

たまに誤解されるのだが、私はお金そのものにさほど興味がない。

資産的にはマイクロソフトで働く以前、以後で大きく変わるのだが、それでもお金についての考え方というか、ポリシーはほとんど変わらないのだ。

一つは、「お金は数字以外の何物でもない」ということだ。

新入社員の頃も、マイクロソフトで社長をやっていた頃も、仕事にロマンを感じたことがない。「仕事は好きですか？」と聞かれれば、「嫌い」と即答していた。できるだけ仕事をしなくても食えるのが理想で、お金は労働の対価でしかなかった。

それがいつのまにか少しずつ増えて、運用できるくらいの額になったとき、私は金融商品を買った。とにかく働きたくなかったから、金融商品を買って、ただお金が増えること以外に何の興味も持っていなかったのだ。

だが、私にとって、お金にはもう一つの意味がある。それは、「お金を稼ぐことは一番面白いゲーム」だということだ。

スコアがわかりやすいところが好きだ。アーティストやスポーツ選手と張り合おうとは思わないが、もしあらゆる職種の人とスコアを競うとしたら、いくら稼いだかがわかりやすいだろう。

当然、倫理的に問題のあることや、法律で禁じられている稼ぎ方はしない。長期的な損得を考えたときに、結局大損する可能性があることはしたくないからだ。

貯蓄や資産の状況に関係なく、お金についての考え方が変わらないのは、他人への興味がないからだろう。人からどう思われていようが気にならないのだ。もし、あなたが「お金持ちになりたい」と思うのであれば、お金に対して距離感をもって接することだ。

人生においてお金は重要な役割を果たす。ただし、お金に飲まれてはならない。お金は労働の対価であり、ゲームのスコアであり、単なる数字だ。お金にドライになることで、お金を増やす、守るという感覚が磨かれるのだ。

最低限、投資でリスクをとる

あなたが「お金持ちになりたい」と思っているとする。そして、職業がサラリーマンだとする。私がアドバイスをするとしたら、「今すぐサラリーマンをやめなさい」ということだ。

断言するが、リスクをとらない人は、大きなお金を稼ぐことができない。

大きなお金を稼ぐ唯一の方法は、サラリーマンをやめることだ。ラーメン屋を始めるにしろ、会社を起こすにしろ、全財産を金融商品に投資するにしろ、サラリーマンをやめなければ話にならないのだ。

リスクをとれる人はお金持ちになれる可能性があるが、もちろん失敗する可能性もある。例をあげよう。あるチャレンジの成功率が30%だとする。一度の挑戦で成功する確度は低いが、チャレンジを3回も繰り返せば、成功する可能性はかなり高い。だが、リスクをとらない人は最初の1回の挑戦をしない。つまり永遠に成功できない。実に単純な話だ。

だから、お金持ちになりたい人にかけるべき言葉は、「サラリーマンをやめなさい」になるのだ。

だが、いい歳をした大人が軽々しく仕事を失うリスクをとるのは、実際なかなか難しいだろう。大きなリスクをとれる人というのは、勇敢なわけではなく、単にリスクを感じとる能力に欠けているだけかもしれないのだ。私自身を含めた起業家は、何かに失敗したとしても、それを失敗だと思わないような性格の持ち主であることが多い。

サラリーマンを続けながら、少しでもいいから資産を増やしたいというならば、とるべき手段は投資だろう。金融商品を買うことだ。きちんと給料を稼いで、まともな金融商品を買っていれば、「老後資産が2000万円足りない」と嘆くようなハメにはならない。これは最低限とらなければならないリスクだ。

金融商品にもいろいろあるが、資本主義が始まって以来、一番価値が上昇したものは株式だ。ダイヤモンドでも金（ゴールド）でも、現金でもない。たとえばだが、アップルが1980年12月12日にIPOしたあと、1000ドル投資していたら、現在の価値はおよそ800万ドルだ。もし、アマゾンの1997年5月15日のIPO後、1000ドル投資していたら、現在の価値は約86万5000ドルである。

というわけで、株式投資をおすすめするが、生株は好きな人がやればいい。そうでなければ、プロが作った商品を買うことをおすすめする。私自身は、金融商品でお金を増やすことには興味がないので、国債ミックスのファンドを買うことが多い（妻は「ボンカレーがもらえるから」などと言って株式優待を目当てに個別株を買っているが）。

何といっても面白いのはベンチャー投資だ。投資会社のインスパイアを創業して20年ほど経つが、その間、10年以下の短期投資はしたことがない。長期投資しかしない理由は前述した通りだ。

カネは貯めずに借りずに、投資しろ！

子供の頃から、一度もお金を借りたことがない。借金が嫌いなのだ。家を買うときも、自分で会社を起こしたときも、借金はしなかった。お金を借りているという状態が気持ち悪いというか、落ち着かないのだ。

借りるのが嫌だから、ずっと貯めておくのかというと、そうでもない。100万円貯まったら、投資するのが私のスタンスだ。

元手となる100万円の作り方だが、だれにでもできる方法がある。生命保険にさえ入らなければ作れるのだ。あなたが今40歳だとして、20年間あれば

3000万〜4000万円の資産を築くことは可能だ。生命保険をやめて、投資するだけでいい。

都内に住んでいれば車を持つことをやめるべきだ。車の本体もだが、ガソリン代、駐車場代、税金と、維持費にいくらかかっているか。また、喫煙者ならば、紙巻の煙草を止め、電子タバコのVAPEにすべきだろう。毎月払わなければならないと思っているコストを見直し、その分を投資に回すのだ。

ほかにも家族や自分の生活をしっかり見直せば、月に5万〜10万の節約は可能だろう。月10万円浮いたとしたら、年間で120万円になる。20年間で2400万円だ。これを複利で増やせば、4000万〜5000万円は可能だ。退職金を入れたら、1億円も夢ではない。

ある程度まとまった額がないと、金融商品を買っても楽しくない。10万円が10万2千円になっても何とも思わないが、100万円が120万円になったら嬉しいだろう。こう話すと多くの人は「これはいけるな」と、感じると思う。だが、その感覚は、普段はあまり意識していないようだ。

幸せは「住む場所」と「付き合う人」による

住む場所によって、人の幸福は左右される。

札幌市役所に勤める高校の同級生がいる。彼は貧乏ではないが、お金持ちでもない。ごくごく普通の給与所得者の一人だ。

平日は規則正しく働き、休日は友人たちと朝早く石狩川へ出かけてカヌーやシーカヤックで遊ぶ。夕方には戻ってきて、自宅でジンギスカンを楽しむ。次の日は、近所の居酒屋でとれたてのトウモロコシを食べる。北海道出身でなければご存知ないかもしれないが、とれたての生のトウモロコシは、みずみずしくてとてもジューシーだ。現地でしか味わえないので、このために帰省してもいいと思うくらいである。

ゴルフをするにしても、朝6時スタートの10時上がりなんてことはザラで、午前中だけで遊べるのが羨ましい。北海道のゴルフはスルー（ハーフターンで休憩を挟まない）が基本だ。また、都内では考えられないほど、自宅からゴルフ場が近い。北海道の友人が、車で25分のゴルフ場が遠いとぼやいていた。

東京であくせく働き、狭い家に住み、休日に出かけても混雑でうんざり、なんて生活をしていると、幸せとは何だろうかと思う。宮城の仙台や福岡の博多、高知の四万十川のあたりなんていいのではないか。やはり、東京基準で考えると、地方とは違いすぎることがある。

幸せの水準は、付き合う人によっても変わる。

もし、私が市役所勤めの同級生のようなマイルドヤンキー的人生を歩んだとしても、案外楽しめたのではないかと思う。彼らは地元にとどまり、友人がたくさんいることに、価値があると思っている。人間関係が資産価値なのだ。

私自身、お金を持ったことで、付き合いがなくなった人もいれば、逆に新たな出会いもあった。人数的にはプラスマイナスゼロであるし、今後の人生の豊かさを考えれば圧倒的にプラスだ。そもそも、人生において親友と呼べるような人は、2〜3人いれば十分である。「親友が45人います」なんて人は、信用できない。

その2〜3人の親友は、だいたい青春時代までに作られている。40歳を超えてから親友を作るのは難しいだろう。長期間の共通経験があり、感覚が似ていて、かつお金が絡まない関係は、よほどでなければ築けない。

親友であれば、お互いお金があろうとなかろうと関係ない。どちらかが成功したからといって、終わりになるようなことはない。

第2章

「稼ぐ人」の思考法

いつのまにか稼いでいたという感覚

お金を「増やす」と「稼ぐ」

資産を作る方法には、お金を「稼ぐ」と「増やす」がある。二つの違いについて、私は経験から学んだので、少し書いてみる。

新卒で働きはじめてから、マイクロソフトをやめるまで、私にとってお金は完全に「労働の対価」でしかなかった。そもそも働きたくなかったので、いつやめようかと常に考えていた。理由は、毎朝10時に会社に行くことが耐え難かったからだ。決して早い時間帯ではないのはわかっていたが、毎日毎日、決まった時間に決まった場所へ行かなければならない、というのがつらかったのだ。

とはいえ、当時は生活の大部分を仕事に費やしていた。はたから見ればワーカーホリックのように見えていたと思うが、仕事が面白かったというより、とにかく目まぐるしかったのだ。毎日が花火大会の前日のようだった。私がマイクロソフトの社長を務めていた間に、Ｗｉｎｄｏｗｓ３・１、95、98、ＮＴがリリースされ、Ｗｏｒｄ、Ｅｘｃｅｌといったソフトが登場し、３ヶ月に一度は記者発表という名のロケットを打ち上げているような状態だ。日々があまりに忙しくて何も考えられない状態だったというのが正直なところだ。

会社はどんどん大きくなっていったが、この頃、世間が想像するほど、私個人は稼いでいない。当時の給料を聞いたら、あまりに少なくて驚かれると思う。ストックオプションはあったが、好きなタイミングで行使できるわけではないので、現実味がなかった。

退職時にまとまった額が入ってきたわけだが、そこに楽しみを感じていたわけでもない。お金はあとからついてきただけだった。

さきほどから「資産を増やすには金融商品を買えばいい」と書いているが、私自身のことでいえば、金融商品を買ってお金を増やすこと自体には何のワクワク感もない。たとえば、上場企業の株を買って1～2割のリターンがあったとしても、正直なところ嬉しくない。100万円を元手に、5億円戻ってくるくらいでないと高揚しないのだ。

だから面白いのは「稼ぐ」のほうだ。インスパイアを創業してから、断然「稼ぐ」が面白くなった。

ベンチャーやスタートアップ20社に100万円、つまり計2000万円を投資し、一つでも〝当たり〟があったとする。1回に1億円でも回収できれば、8000万円の稼ぎになる。テラ銭のない、壮大な競馬をやっているイメージだ。

だが、競馬のようにゼロサムではないし、すべて当たるかもしれない可能性がある。さらに、分配するだけではなく、全掛け金自体が増えることもある。ベンチャーの場合、350億円を集めたとして、上手くいけば3500億円になっているかもしれない。それを分配するのだから、楽しくないわけがない。

そしてもう一つ、「稼ぐ」の面白いところは、新しい出会いが次々に生まれることだ。稼げば稼ぐほど、より面白く、才能のあふれる人物とのネットワークが広がっていく。彼らとの出会いそれ自体が利益であり、次の投資につながっていくのだ。

「妄想好き」は稼ぐ才能がある

　ある程度まとまったお金を使うときは、長期的、もしくは間接的なリターンを常に想定している。そのリターンが想像を超えるほど遠い未来のときだったこともある。あるいは間接的すぎて、まさに「風が吹けば桶屋が儲かる」といった状態だったこともある。だが、どのようなケースでも、投資をするときには自分のなかに合理的な理由がある。

　合理的とはいっても、実際には妄想に近いものがあるのだ。

　妄想力がないと、お金は稼げない。成功者はみな妄想癖がある。崇高な理想や目標があって、夢を実現していくのではない。単なる妄想なのだ。普通の人からしたら、「バカじゃないの」といわれるようなことを、本気で妄想しながら生きている。

　たとえばだが、起業家のなかには「自分の事業が上手くいかなくなったら、隕石が落ちてきて地球が滅ぶ」というようなレベルのことを、半ば本気で思っている人がいる。「そうなったら借金がチャラになるから、いくら借りても関係ない」くらいに思っているのだ。

孫正義さんがソフトバンクの創業時に、「豆腐のように売り上げを『1丁（兆）、2丁（兆）』と数えるような会社にしたい」と語っていたのは有名だが、これこそ妄想以外の何物でもないだろう。当時、実際に聞いていた人たちは呆気にとられていたはずだ。パッケージソフトを秋葉原に卸していただけの青年の言葉なのだから。

ジェフ・ベゾスもイーロン・マスクもマーク・ザッカーバーグも、SF小説が好きで、子供の頃から愛読していたという共通点がある。ビジネスで大成功を収めた人たちは、「物事を大きく考える」こと、つまり妄想が得意だ。

逆にいうと、妄想癖があるからSFを好んだのかもしれない。

もし自分に妄想力があるかどうかをテストしてみたければ、手頃なSFを数冊読んでみればいい。面白いと思えれば、見込みがあるということだ。

セロトニントランスポーター遺伝子が何型か

稼げる人の指標となるものがもう一つある。それは、セロトニントランスポーター遺伝子がＬＬ型であることだ。

セロトニンとは脳内で働く神経伝達物質の一つで、感情や気分のコントロール、精神の安定にかかわる。そのセロトニンを運ぶ、たんぱく質がセロトニントランスポーターだ。ＬＬ型の人はセロトニントランスポーターの数が多く、ＳＳ型の人は少ない。

よくある話だが、コップのなかに水が半分あるときに「まだ半分ある」と思うか、「もう半分しかない」と思うかでタイプ分けできる。ＬＬ型の人は「まだ半分ある」と思い、楽観的に物事を考え、リスクに対する感覚が鈍い。起業家や成功者に多いタイプだ。ＳＳ型の人は「もう半分しかない」と考え、不安を感じやすく、緊張しやすい。ＬとＳどちらも持っているミックスの人もいて、リスクに対する感じ方はちょうど中程度である。

日本人にはＳＳ型が際立って多い。これは、災害が多い国だったからと考えられている。日本の陸地面積は世界の0・25％しかないが、世界の災害被害総額のうち、日本の割合は20％を占めるというデータがある。まさに災害大国だ。そんなリスクのある国で、楽観的すぎると災害が起きたときに生き残れなかったのだろう。

日本人のLL型の割合は3％、SS型の割合は65％だ。ちなみに、アメリカ人のLL型の割合は32％、SS型は18％である。最もSS型の割合が少ないのは、南アフリカで、アフリカの人は、不安を感じない人が多い。

「いつのまにか稼ぐ」という感覚

お金を使うのなら「時空間」を広げたほうがいい。いつのまにか稼ぐことにつながるかもしれないからだ。使うことも稼ぐことも結局同じなのである。私の場合、使いながらいつのまにか稼いでいたという感覚だ。

遊びを稼ぎにする構造は、物事を長い目で見ているから作られる。あくまでイメージだが、1年はお金を使うだけで、5年ほどしたら少し稼げるようになる。10年続ければ、まとまったキャッシュが入ってくる。1~2年で回収しようとするのは難しいし、何より面白くない。遊びでやっているのだから、長く続けられなければつまらない。遊びは遊びだからこそ気軽に始められて、長く続けることができる。そのうちお金になれば、ラッキーくらいの気持ちでいることが大切だ。

具体例をあげるなら、趣味として何かのコレクションをすることである。これは遊びながら稼ぐことの、実にわかりやすいモデルだ。

今は市場価値が低いものを集めておき、楽しみながら、数年後に売り抜けるイメージだ。

今から始めるとすれば、多肉植物やサボテンの収集が面白い。多肉植物のコレクターは世界中にいて、大きなものだと1鉢200万円ほどで取引されている。なかでも人気なのが「ハオルチア」と呼ばれる品種だ。ハオルチアは地面を這うように葉を広げ、夕方、斜めに差し込む光のなかで宝石のように輝く姿が非常に美しい。中国や韓国、台湾では日本以上に価格が高騰し、2~3倍、ときには10倍で取引されることもあるという。

逆に、収集してもお金になるか難しいのが日本の書画骨董や焼き物だ。今、値段がどんどん落ちている。今後も下がり続けるだろう。コレクターが高齢化し、マーケットが広がる見込みもない。京都で一番、二番のプロが商売をやめようかと思うといっていたくらいだ。日本の書画骨董が好きなアメリカ人や中国人もいるが、数は多くない。

今後、お金になることを考えるなら、ある程度の規模で取引されている、多肉植物や鯉、盆栽がおすすめだ。グローバルに売れるものでなければならない。

「明日どう儲けるか」と思っていたらダメ

昔から「お金持ちになりたければ、お金持ちと付き合え」という論があるが、私は懐疑的だ。というのも、お金持ちと一括りにしても、さまざまなタイプがいる。紀州のドン・ファンのような資産家もいれば、振り込め詐欺などをし、稼ぐためには手段を選ばない人たちもいる。彼らのような人たちと付き合って、自分が真っ当にお金を稼げるかというと難しいところだ。

一方で、教養と良識があるお金持ちの人たちもいる。だが、彼らのようなお金持ちに、一般人はアクセスできない。だから一般人を相手にしてくれるようなお金持ちは、少し警戒したほうがいいだろう。

お金持ちのほうが長いスパンで物事を見ている。お金があるから当たり前だが、キャッシュで家や車を買えるので、ローンの利息を払う必要がない。

子供の教育にお金をかけるのも、将来その子が稼げるようにするためである。日々の生活にかかるお金の心配がなければ、24時間365日妄想していてもいいわけだ。そのような妄想から何か新しいものが生まれるかもしれない。今や宇宙開発の最前線にいるスペースXのイーロン・マスクは、南アフリカの裕福な生まれだし、理化学研究所の中興の祖といわれる、大河内正敏は華族だ。

振り込め詐欺をするような若者などは、お金を稼ぐことに近視眼的だ。見ている時間軸が短く、明日いくら儲けるかが最大の関心事になってしまっている。だから脱税や法に触れることをしてしまうのだろう。先のことをまったく考えていないのだ。

老後も稼ぎ続けることを考える

老後の蓄えが心配なら、定年退職後も稼げる手段を作っておけばいい。何の準備もなく定年を迎えれば、時給の安い、単純作業や重労働のアルバイトをするしかない。そうなることを望まないならば、今のうちに用意しておく必要がある。

老後に何も嫌いな仕事をする理由はない。好きなことをやればいいのだ。もし私が50歳で出版社勤めだったら、今日をもってその会社をやめ、まずは新潮社の校閲部に履歴書を送る。校閲者なら、70歳でも80歳でも働ける。定年になっても、外部校閲で仕事が山ほどある。だが、編集部にいて60歳の定年を迎えたら、その瞬間に終わりだ。今まで、超有名スーパー編集者たちが、あっけなく消えていくのを山ほど見てきた。

退職金や実家を継いで金銭的に不自由なく暮らせればいい。仕事をしている間は時間がなくてできなかった、語学や何か勉強を始めるのも優雅だ。だが、そんな余裕がなさそうならば、老後に楽しく稼げる手段を持っているほうがいいだろう。

いくら貯めるかではなく、どれだけ遊びながら稼ぎ続けられるか、を考えたほうが人生は楽しい。資産を作るという概念は、私にはなかった。貯金もしたことがない。自分でお金を増やしたり、稼いだりするというよりも、お金に稼がせてきた感覚だ。

手元のお金をどうやって10倍にするか、ということ以外考えない。2割増し程度では意味がない。あり金をすべて使っても、10倍にするぞと思い続けている。だが、先物やレバレッジをかけてやる気はない。あまりにもリスクが大きすぎる。そんなことをするくらいなら、新興国にマンションを買う。

ポートフォリオを作るとしたら、恐ろしくバラバラになるだろう。資産の5分の3は新興国のマンション、多肉植物の収集、レコードの収集となると思う。要するにお金で遊んでいるのだ。

このようなお金の遊び方は、資産家でなくともできる。100万円もあったら十分だ。普段のちょっとした（かつ無駄な）贅沢をやめれば、100万円なんてすぐ作れるだろう。

無駄遣いだと思われている投資

私のSNSの使い方は、「キュレーション」が主だ。フェイスブックには、最近のニュースについて考察したり、使ってみた最新ガジェットのインプレッションを書いたりすることが多い。

フェイスブックで紹介するものは、すべて自分で買った上で、本当におすすめできるものしか投稿しない。ガジェットだけではなく、書籍もそうだ。面白くない本を一度でも紹介すると、二度と私の書評は読まれなくなるだろう。

他人からすると無駄遣いをしているように見えるかもしれない。たとえば、DJIのインスパイアというドローンやカメラのスタビライザーは、新しいものが出るたびに買ってしまう。全モデル、最初から持っているくらいだ。技術進化を追っている。

だが、これは決して無駄遣いではなく、実際に自分で使ってみて、どれが一番良いものなのかを知りたいのだ。たとえば、モバイルバッテリーは、cheero(チーロ)がいい。「cheero Power Plus 3 13400mAh」は、Amazonで3783のレビューがついて、評価は星4・3だ(2019年10月12日時点)。バッテリーの電圧が7・4vと高く、昇圧してから下げているので高速で充電できる。

充電ケーブルは、Haulondaのものを使っている。普段は充電ケーブルとして使っているが、テレビに挿せば、スマホの画面をそのまま映すことができる。AbemaTVでもNetflixでも、スマホで観ているものをそのままテレビで観ることができるので、チューナーがいらない。このケーブルにたどり着くまでに、何本買ったかわからない。無駄遣いだと思う人もいるだろう。だが、ベストバイを探し、先端をキャッチし続けたいのだ。

そんな私がおすすめするのは、書籍やガジェットにとどまらない。最近のヒットは丸高《まるたか》海苔の業務用ラーメン海苔だ。フェイスブックに投稿したところ、丁寧にDMをくれた方のなかには、現役のラーメン屋さんまでいた。きっとお店でも使いたくなったのだろう。

キュレーターとしての信頼を保持し続けるのは、ビジネスだと思っている。ビジネスにまでしなくても、仲間内や同僚から、「キュレーションのセンスがある人」と思われておいて損することはない。

よい情報を発信する人のもとには、また別のよい情報が集まってくるものだ。「あの人に聞けばこのことはわかる」とか「新しいものはあの人に聞こう」という評判は、だれでも得られるものである。そのためには、他人からは一見すると無駄遣いに見えるものを買い集めることは、悪くない投資だし、結果的に「稼ぐこと」につながっていく。

ステータスを見せびらかすのはリスクでしかない

昔の自慢をしたいわけではないが、私自身は31歳でマイクロソフトのOEM

営業部長に、36歳で社長に就任した。売り上げ2000億円、利益800億円などという時代だ。

ビル・ゲイツや本社の幹部は、日本が接待文化であることをよく理解してくれていた。だが当時、マイクロソフト全体の接待費の半分は日本で使われていると聞いたときは、驚いた。むしろみんなそれだけしか使っていないのかと。せいぜい3000万円ほどだったと記憶している。

今、高い食べ物に興味がないのは、このときに贅沢はし尽くしたからだ。飽きてしまっている。当時からある三つ星のレストランは、入るだけでドアボーイが迎えてくれた。名前確認がいらないくらい、通っていたのだ。帝国ホテルやホテルニューオータニも名前の確認がなかった。というのも、新製品発表会を年数回行っていたので覚えられただけのことだ。

都会に住んでいる人に顕著だと思うが、ステータスにお金を使わされている人はかわいそうだ。家や車、豪華な食事などは、心から楽しんでの消費というよりも、ステータスでやっているように見える。それで肝心の手元にお金がないというのなら、今すぐに考え直したほうがいい。

　私は、子供の頃から今に至るまで、ステータスに何の興味もない。ある程度稼ぐようになってからも、本当の大金持ちを見てしまうと、見栄にお金を使うなんてバカらしく思える。絶対に追いつけないようなビル・ゲイツやスティーブ・ジョブズがTシャツにジーンズ姿でいるのを見ると、意味がないことがわかる。

　彼らは、大げさではなく、型崩れしているようなぼろぼろの服を着ている。「着やすいから」といって、何年もずっと同じ服を愛用しているのだ。新品のTシャツは肩が張るので、できればだれかに着てもらって、くたっとしてから着たいとすらいっていた。

　意外と思われるか、当然と思われるかわからないが、お金持ちは基本的にケチ臭い。見栄っ張りで、派手に使うのは、中途半端な小金持ちだろう。本当のお金持ちは、ギャンブルをしない。非合理的な買い物をしない。贅沢はしない。なるべく借金もしない。ケチというより、なるべくドキドキしたくないのかもしれない。

ギャンブルは、ドキドキするためにやるものだ。勝ちたいからやるのではなく、単なる刺激中毒だ。先日、ギャンブルにハマり、数十億円の借金までした方と対談したが、彼は勝っても負けても楽しかったといっていた。

お金持ちの多くは、ドキドキすることを嫌がる。不必要な緊張を避ける人が、お金持ちになれるのかもしれない。私個人の話でいえば、少し高価なものを食べるときはいまだにドキドキする。子供の頃、貧しかったことが理由なのではなく、生まれもっての性格なのだ。自分の周りを見ていても同じような感覚である。

一方で、自分の事業は、とんでもなくリスキーだったりする。孫正義さんのソフトバンクやスティーブ・ジョブズのアップルは、普通の人たちは成功するなんて思えなかっただろう。一見、究極のリスクにしか見えないが、当事者はリスクだと思っていない。勝てると確信しているというよりも、面白いから夢中になってやっているのだろう。要するに生活ではなくて、遊びなのだ。

事業以外で危険なことをしないのも特徴的だ。ビル・ゲイツはサーフィンをしないし、ジョブズはスカイダイビングが趣味だったという話も聞かない。怪我のリスクがあるようなことをわざわざしないのだ。

高級レストランでの食事をSNSにあげるのは、今の時代はリスクでしかない。会員制や予約は1年待ちといった場所での食事をせっせと投稿している友人はいないだろうか。正直、印象が悪い。自分とは違う層の人だと、相手に思わせるだけだ。高級店好きな人たちは数万人いるだろうが、彼らだけのマーケットに価値はない。

本を売るにしても、多肉植物を売るにしても何でもいいが、どんな商売をするにしろ、彼らはターゲットにならない。株屋や不動産屋に狙われるだけだ。転がされる側の小金持ちでしかないのである。

JCで「さよなら、おっさん」してきなさい

今まで生きてきて、自分のステータスを考えたことが一度もない。人からど

う見られているかなんてどうでもいいのだ。見栄のための無駄なお金を使ったことがない。だから、他人からよく見られるためにお金を使ってしまうという人の気持ちは、本当はわからない。

そんな人には、ＡＰＵ学長である出口治明さんの言葉をお借りして、「人・本・旅」をすすめたい。人生を変えるための三つのエッセンスだ。

「本」については、この本を手にとってくれている方に、講釈を垂れるつもりはない。好きなものを、好きなだけ読んでいただければと思う。

「旅」とは、現場に行くことであり、本を読んでいるだけではわからないことを埋めてくれる。だが、旅には時間もお金もかかる。

そこですすめたいのが「人」だ。普段の生活では出会わない人たちがいるような、イベントやセミナーに行くのもいいだろう。

意外と面白いのがＪＣ（日本青年会議所）だ。古臭いとか、自分とは関係ないと思うかもしれないが、決してバカにはできない。地域の有力者が集まっているのだ。

全国に700弱の青年会議所があり、出身者は麻生太郎氏や細野豪志氏、小泉純一郎氏、森ビルの森稔前社長やウシオ電機の牛尾治朗会長など、そうそうたる顔触れだ。

会員になれるのは20~40歳の青年で、約3万6000人の会員の平均年齢は35歳だ。ボランティアや行政機関などの社会的課題に取り組んでいる。会員は、企業の創業者や事業継承者、士業、自治体職員などが多いが、さまざまなバックグラウンドを持つ人の集まりだ。異業種の人たちと出会うことによって、互いに協力し合い、意義ある活動ができる可能性もあるかもしれない。

ちっぽけなステータスを誇示し、SNSで空虚なセルフブランディングに明け暮れるくらいならば、地域のJCに入って、リアルなネットワークを作ったほうがよっぽどいい。

「稼ぐ種」はどこにでも転っている

最近気になったユーチューブに「今日ヤバイ奴に会った」というシリーズが

ある。

インド駐在の日本人が、屋台飯の調理過程を映しているだけなのだが、これがまた面白いのだ。チャンネル登録数は49万超、最高再生回数は300万を超える。インド人が屋台で調理する様子は、お世辞にもきれいだとはいえないが、2〜3本再生するうちにおいしそうに見え、よだれが出てくるだろう。食べたリアクションを映さないところや、テロップのセンスがいい。

このような食べ物を作る屋台動画が、最近流行っている。

日本だとたこ焼きや焼きそばなどの動画が数多くある。屋台動画ものは、ジャンルとして確立しているのだ。旅行に行った気分になれるし、ローカルの食事事情を楽しめる。

動画を作るときのポイントは、食べているところを映さないことだ。一口食べて、リアクションを撮るとテレビになってしまう。リアクションは古い。テレビがやる昔のフォーマットだ。今のフォーマットは作る姿を映すだけである。否定的なことはいわず、おいしそうと褒めるだけでいい。

新しく自分でやるとしたら、台湾の屋台飯がおすすめだ。台湾には数十種類の屋台があり、台北では毎日どこかで夜市が開かれている。だが、シリーズで台湾の屋台飯を網羅している動画がないのだ。ユーチューブにテーマを持って動画をあげるのは、単なる趣味ではない。ちょっとした目のつけどころがあれば、稼ぐことができる。

実際、海外旅行や海外赴任で新興国に縁ができるケースは少なくない。そういった人の多くが、投資的な観点で、不動産に目をつける。だが、それだけでは思考が足りないのだ。新興国に物件を買って値上がりするのを待つだけではなく、そこで自分に何ができるのか、どんな稼ぎ方ができるかを考えるのだ。

東南アジアであれば週末に2万円でLCCに乗って、自宅に泊まり、動画を撮ることができる。人気が出れば、1回に30万〜50万円の広告収入は得られるだろう。それだけで家賃代になる。頑張って面白いことをしたり、キャラクターを作ったりする必要はなく、ただ撮るだけでいいのだ。

「ユーチューブなんて若者がやること」と侮っていたり、「自分のような素人に番組なんて作れるわけがない」と思っていたりするならば、それは機会損失でしかない。

「稼ぐ種」はどこにでも転がっている。常に他人と違う視点から、ちょっとした目のつけどころを探すべきなのだ。

40歳で稼げないと思ったら地方都市へ

さきほど、地方在住者が羨ましいと書いたが、ある一定層の人々には、移住をすすめたい。それは、東京で働いている40歳で、この先自分が望むほど十分に稼げないと思っている人たちだ。

移住先としては札幌、仙台、金沢、福岡あたりがいいだろう。これらの都市は大きすぎず、だが最低限のものはすべて揃えることができる。

多く稼ぐことができないなら、減らさない方向へ転換するべきだ。地方へ行ったら、東京のように客単価3万円の店なんて、そうそうない。私が知っている札幌の一番高いフレンチで、夜のコースは1万6千円だ。ワインのペアリングをつけても2万円しない。食事はもちろん、ワインもすばらしく、お会計のときには腰を抜かしそうになった。東京で同じクオリティーを求めようとすると、倍の料金をとられるだろう。

東京だと定期的に街が再開発され、新しい店が次々にオープンしてしまう。グルメな方はつい行ってしまい、散財される。選択肢が無限にあって、上限は上がるが、やることは結局変わらない。

いい換えれば「コスパ」になるかもしれない。私が東京に住み続けている理由は、稼げるからに加えて、好きな歌舞伎を見るためだけにほかならない。

基本、家にいるのが大好きで、あまり出歩きたくない。

だが、唯一ふらっと出かけてもいいと思うのは吉祥寺だ。近くに長く住んでいるというのもあるが、吉祥寺の地方都市感がちょうどいい。ジャズのライブハウスに行っても、小声で話していてもいいし、半分寝ながらでもいられるのが心地いい。表参道のブルーノートへ行くとなると、きちんとした洋服を着て、真剣に聞かなければならなくなる。

吉祥寺はハーモニカ横丁もすばらしい。ぎゅっと詰まっていて、博多の屋台みたいである。だが、吉祥寺に住むのがいいと思っているのは、田舎者だ。駅徒歩15～20分もざらで、吉祥寺には住宅地がない。吉祥寺をホームとするならば、住むべきは井の頭線の久我山、三鷹台、井の頭公園だ。

自分が家を買うとき、環八の外に住むのは決まっていた。環八を越えると値段ががくんと下がる。都心に住む人たちは、地方から出てきた成功者だ。自分が住む場所としては、違和感があった。それに比べ、武蔵野はずっと東京に住んでいる人が多く、本当の東京のような感じがする。

Z世代に張ることが最大のチャンス

2019年7月、米国株は最高値をつけた。リーマンショック以降の今だからこそ、投資しろと声を大にしていいたい。ベンチャー、とりわけリアルテックベンチャーに勢いがある。20代のエンジニアがすばらしいのだ。エンジニアというと、ITだけだと思いがちだが、機械工学や生物工学など、工学系全般のエンジニアである。まるっきり新しい人類のようだ。

現在、25歳以下の若い人たちの活躍が目覚ましい。2000年（もしくは1990年代後半）から2010年の間に生まれた、俗にいう「Z世代」だ。日本人でも、大谷翔平や藤井聡太、八村塁、大坂なおみ、羽生結弦など、あげればキリがない。漫画の世界のような活躍をし、ときには我々の想像を超えてくる。彼らを見ていて思うのは、生きることに対する態度や価値観が違うようだ。まるで人類が進化してしまったみたいだ。

世代が変わったと感じるのは、スポーツ選手や芸術家たちが一番先だろう。彼らが20代を迎えたとき、突拍子もない天才たちがほかにもたくさん出てくる。今年のツール・ド・フランスの総合優勝も、エガン・ベルナルという22歳の若者だった。妙な駆け引きをするわけでもなく、無理やり勝負に出るわけでもなく、ただただ強いという印象だ。

ビジネスで成功する人が現れるのは、もう少し先だ。どうしてもキャリアが必要になってくる。経済や法律の知識など、時間をかけて身につけなければならないものがあるからだ。10～20年後、彼らが30代や40代になったとき、ビジネスの世界でもとんでもない変化が起こるだろう。あなたが60代になったとき、そんな彼らに立ち向かえるだろうか。

現時点における最大にして最高のチャンスは、20代の若者に投資することだ。自分の子供がいるなら、子供にお金をかけるのが一番の投資だろう。今の若者は、素直で人のアドバイスを真摯に聞く。その分、あらゆることを容易に吸収していく。何でも習得していく彼らを、学習塾に通わせるなんてもったいない。可能性は無限に広がっている。

第3章　お金はロジカルに使え

無駄に減らさないで資産を守る

支払いは現金でなければ何でもいい

私が使っている財布はいたって普通である。二つ折りで、ジーンズのポケットに入るようなサイズだ。リアルの支払いはほぼＳｕｉｃａかクレジットカードで済ませるので、現金はあまり入っていない。ＡＴＭで一度、10万円を下ろしたら、半年それで持つほどだ。クレジットカードは髙島屋の金色のカードが1枚入っているだけである。

この髙島屋のカードには秘密がある。普通のゴールドカードではなく、外商カードなのだ。知らない人が見れば、ただのゴールドカードにしか見えない。違いといえば、左下に小さく「Ｐ」と印字されているだけだ。これは髙島屋の顧客に対する考え方がよく表れている。自分から「お金持ちだ」とひけらかすような顧客は、自分たちにとって重要な顧客だと思っていないのだろう。

このカードを持っていると、外商専用のサロンに入れたり、すべての商品が割引になったりといくつか特典がある。資産運用のセカンドオピニオンサービスや医療機関のコンシェルジュサービスまである。また、担当の外商さんがつくのだが、国産車の購入はディーラーに行くよりも、外商に頼んだほうが早い。どんなものでも仕入れてくるので、きっと「ヘリコプターが欲しい」といったら、手はずを整えてくれるだろう。

外商といっても、昔の御用聞きのように自宅に訪ねてくるわけではない。外商カードができたのは、15年ほど前からだ。それまでは髙島屋の売り場で買い物をし、支払いのときに担当の外商さんに電話をかけてもらい、ツケ払いとなる仕組みだった。これは江戸時代から続く商売のスタイルである。

クレジットカードは１枚しか使わない。ポイントではなく、信用を貯めているのだ。１枚のカードを使い続ければ、限度額が増える。海外旅行のときは、限度額が大きくないと大変だろう。私は、毎年ヨーロッパに数週間行くので、その期間は限度額を無制限にしている。ヨーロッパはスリの多い地域もあり、現金を持ち歩くのはリスクだからだ。保険がきくのもあり、万が一不正利用があっても、カード会社が対応し、補償してくれる。

ともあれ、支払いについては現金でなければ何でもいい。後の章で詳しく述べるが、クレジットカードの使えない少額決済はＳｕｉｃａ一択だ。ＱＲコード決済の崇拝者は、心して読んでほしい。

住む場所こそ、ロジカルに決める

住む場所はある程度、住人の所得水準が高いところのほうがいいだろう。

これまで、見栄のためにお金を使うなと書いてきたが、住む場所にお金をかけるのは見栄ではない。安全を買うのだ。治安の良さ、悪さは殺人事件の発生率だけでは測れない。しかし、殺人事件の被害者の9割は犯人と面識があったという。隣人は危険のない人がいいだろう。警視庁の統計によると殺人に限らず犯罪の動機は、約4割がお金に起因する。

都内で住むところを考えたとき、私は世田谷や都心の空気が好きじゃない。武蔵野の雰囲気が残り、さらに治安の良い場所となると、杉並区の南側だ。井の頭線沿線一択となる。鼻にかけたようなスノビッシュな空気がないのもいい。

子供のことを考えたとき、都心の超一等地に生まれ育ったら、野心が育たないのではないかと思う。野心というと少し大げさに聞こえるかもしれないが、高みを目指そうとしない子になるだろう。何代も続く、土地持ちの家系ならそれでもいいかもしれないが、これからの時代、常に変化し続けられるような子でなければ生き残れない。子供のためにもちょうど良いのが、井の頭線沿線というわけだ。

もう一つ、井の頭線沿線の良いところは、駅同士の間隔が短いため、駅を中心とする街が小さい。すると、飲食店が少ないので、余計な出費が抑えられるのだ。自宅近くにおいしいお店が何軒もあれば、つい行ってしまうだろう。なければ、自宅で料理するしかない。

私は、一度の外食に数万円もかけるのは意味がないと思っているが、自宅で工夫して料理をするのは賛成だ。拙著『コスパ飯』（新潮社）では、究極の卵かけご飯やお吸い物のもとを使った松茸ご飯などを紹介した。ロクに包丁を持ったことがない、という人がいれば、料理もアウトプットの一種と思い、始めてみてはどうだろうか。

話を家に戻そう。家族構成によって求める家の広さは違ってくると思うが、広い家はあまり必要ないと考えたほうがいい。あなたがもし40代のサラリーマンだとして、これから3人の子供を持つことは考えにくいだろう。それに、進学や就職のタイミングで巣立つことを考えると、子供は20年も親元にいないのだ。広さを妥協すれば、同じ金額でも駅近の家を借りることができる。

家は即金でしか買ってはいけない

住む場所を考えるというと、必ず「購入派か賃貸派か」という議論になる。私の結論は簡単だ。

即金で家を買えない人は絶対に賃貸にするべきだ。

さきほども少し触れたように、子供が生まれたり、巣立ったりすることを考えると、その時々でベストな間取りというのは変化する。高齢夫婦二人で3〜4LDKなんて住もうものなら、掃除すら満足にできなくなる。

さらに、家の広さを求めたあまり、郊外の駅からバス必須の立地にある場合、日常の買い物や病院はどうするのか。ここ数年、高齢者の自動車事故が問題になっているように、ある程度の年齢になったら、車の運転もできなくなるのだ。賃貸であれば、夫婦二人になったとき、駅近のマンションに引っ越せばいい。間取りは1LDKでも十分だろう。

なぜ、ここまで賃貸をすすめるかというと、住宅ローンが悪いわけではない。私は何が何でも借金をしたくないので、住宅ローンですら組みたくないのだが、そうではない人もいるだろう。それでも即金で家を購入でき、さらに生涯働かなくても大丈夫というくらいの資産を持たなければ、家は所有すべきではない。

今の日本の経済状況を考えると、不動産価格が下がるのは目に見えているからである。どこを買っても損をする可能性がほぼ100％だ。

仮に今、40代で湾岸のタワーマンションを買い、あと30～40年そこに住むとしよう。40年後、その家はボロボロだ。さらに、ほかの住人も自分と同世代で、入れ替わりがないと、70～80代の高齢者しか住んでいない状態になるだろう。1970年代に作られた各地のニュータウンが今現在抱えている問題を、そのまま再現することになるのだ。

所有者が鬼籍に入り、売りに出ても買い手がいない。不動産の価値以前に、少子高齢化の影響が大きく、人の数に対して家が余るのだ。住人が高齢者ばかりになると、補修費が払えない人も多数出てくる。すると、外壁はぼろぼろ、廊下やエレベーターなどで修理が必要でも、予算がないから放置ということになるだろう。さらに悪いことに、お隣が孤独死し、数週間だれも気づかないまま、ということもあり得る。

ただし、もしあなたが40代をとっくに過ぎていて、60代ならば、買ってもいいかもしれない。住むのはせいぜい20~30年だからだ。ただし、その家は住み捨てだ。子供に遺産として渡すことは考えないほうがいい。20~30年後、ほとんど価値がつかないだろう。60代ではローンが組めないから、この場合も即金で買えるほどの資産が必要になる。

国道16号の外ならば家を買ってもいい

関東でいえば、国道16号の内と外だと話が変わってくる。16号の外ならば家を買ってもいい。なぜなら、元の価格がすでに安く、不動産価値が下がったとしても、資産に大きな影響はないからだ。

仮にだが、都心で1億円のタワーマンションを買い、売却時4000万円になってしまったら、6000万円の損失だ。郊外で3000万円の戸建てを買い、売却時にほぼ0円だとしても、損失は3000万円である。6000万円マイナスのほうがダメージを受けるのはあきらかだ。3000万円ならば、賃貸に住み続けた場合の家賃を考えると、ちょうどトントンになるくらいだろう。

今、16号の外が住む場所として見直されてきている。東洋経済新報社の2018年の「住みよさランキング」によると、1位は千葉県印西市、4位は茨城県守谷市、7位は茨城県つくば市、10位は千葉県成田市だった。ちなみに、印西市は2012年から7年連続トップった。印西市はバブルが弾け、開発が

住みよさランキング2018トップ25

順位	都市名（都道府県名）
1位	印西（千葉）
2位	長久手（愛知）
3位	名取（宮城）
4位	守谷（茨城）
5位	中央区（東京）
6位	大府（愛知）
7位	つくば（茨城）
8位	港区（東京）
9位	千代田区（東京）
10位	成田（千葉）
11位	日進（愛知）
11位	福津（福岡）
13位	武蔵野（東京）
14位	流山（千葉）
14位	芦屋（兵庫）
16位	鯖江（福井）
17位	かほく（石川）
18位	野々市（石川）
19位	能美（石川）
20位	東海（愛知）
21位	鎌倉（神奈川）
22位	品川区（東京）
23位	坂井（福井）
24位	砺波（富山）
25位	白山（石川）

＊『都市データパック2018年版』参照

一度止まったことで人の流入が緩やかになった。これにより、高齢者ばかりではなく、幅広い世代が住み、バランスがとれている。また、子育て支援やコミュニティーサービス、18歳までの医療費助成制度など、子供を育てやすい環境を整えているのだ。16号の外に住み、地元で仕事をし、家族や友人との時間を大切に過ごすのも幸せな人生だ。

16号の内側でどうしても家を買いたいというなら、「駅から徒歩7分以内」の物件でなければダメだ。この数字は絶対に譲ってはならない。

2017年から2018年にかけて、Googleの検索ワードの最大ボリュームが駅徒歩8分から7分に変わったのだ。おそらく今から10年前は、駅徒歩10分が最も多く検索されていただろう。ここ数年で、1分の短縮が格段に増えた。これは、不動産屋はみんな知っていることだ。彼らは、駅徒歩10分の物件を安く売り出し、代わりに7分以内の物件を次々と建てている。私の自宅最寄り駅も、駅徒歩7分以内の新築マンションがいくつ建ったかわからない。さきほど、不動産を買ったらほぼ100%損をすると書いたが、駅徒歩7分以内なら値上がりする可能性もある。

不動産の値上がりを期待するなら、いっそのこと海外の物件を買ってしまうのも手だ。ちょっとした語学力と才覚があれば、急成長している都市で仕事を見つけ、そこで家を買うのだ。今なら、マレーシアやミャンマーが面白いだろう。これらの都市ならインフレ率が高いので、家を買っても確実に売り抜けられる。急成長しているといっても、日本円が優位なうちに不動産や現地の通貨を買っておくのだ。

日本のインフレ率がこの10年、マイナスから1%をさまよっているのに対し、マレーシアは2~3%である。10年後、日本円へ変換したときに何倍にもなっているだろう。移住が難しいのなら、不動産を買って人に貸しておけばいい。そうすれば、売却時の利益に加え、家賃収入も得られるのだ。

お金の使い道は「時空間」を広げろ

受験勉強が得意で、偏差値の高い大学を出た人たちは、自分で問題を作ることが苦手だと感じることがある。与えられた枠組みのなかで解決策を探すことしかしない。たとえば海外転勤を命じられ、マレーシアへ赴任となったら、現地でいかに会社の業績を上げることしか考えないのだ。

目先の仕事に取り組むだけではなく、数十年後の未来も考えて働くべきである。

赴任先で不動産を買い、そこで働き続けられる仕組みを作っておく。現地の企業に転職してもいいし、日本とその国の橋渡しになるような会社を自分で始めるのもいい。老人ばかりがあふれる日本にいつまでもとどまる理由はない。

さきほど、起業家はSF小説を読むといったが、SFは「時空間」を超えて物事を見られるようになる教材だ。目先のことを考えるのではなく、思考の時間軸と距離軸を延ばすのだ。

まず時間軸でいえば、不動産やインフレの問題は、20年ほどのスパンで将来を考える必要がある。多くの人は1年先のことくらいしか考えていないが、それでは経済的な成功は難しい。ボーナスをもらったら、食事と買い物に使って何も残らない、何てことであれば、数日先のことしか考えていないのだろう。

そして空間軸でいえば、都内に住んでいる人は、23区内どころか、自分のターミナル駅周辺、半径5キロ以内でボーナスを使いきっていないだろうか。海外に一度や二度行ったところで、人生観は変わらないだろうが、自分がいかに狭い世界でしかものを見ていないかを客観的に捉えてみるといい。5万円を使って高級なものを食べにいくくらいなら、LCCで海外へ行ったほうがいい。現地で不動産を買うのか、仕事を見つけるのか、ユーチューブで稼ぐのか、何でもいいが、日本以外で稼ぎ、暮らす選択肢を持っておくべきだ。

時空間を超えて思考し、10年、20年先のことを考えてお金を使えば、数十倍に増やす可能性が見えてくる。そのチャンスを自ら放棄する理由は何一つない。

子供には「お受験」以外の金を使え

教育費は最も価値ある投資の一つだが、私が自分の子供に対して行ったなかで、最もコスパが良かった投資といえばFFⅪだ。正式名称は「ファイナルフアンタジーⅪ」という。有名な大規模オンラインロールプレイングゲームのことである。

私と娘は顔も思考回路も大変よく似ている。「一卵性親子」とよくいっているくらいだが、まったく同じタイミングでＦＦⅪにハマっている間、本当にずっと一緒にいた。何しろ彼女が高校生の頃、３年間で延べ５０００時間も、協力し合いながらともにプレイしていたのだ。

ここで大事なのは、父親と一緒に遊んだということではない。何でもいいから好きなことに熱中し、とことんまでハマり込むという経験を体に染み込ませたのだ。

積極的にやらせなかったのは受験勉強である。ＦＦⅪをやり込んでいたので、大学受験ですら高３の冬までほとんど勉強していなかった。また、幼い頃の習い事も、本人が興味を持ったものは何でもやらせたが、無理強いして続けさせることはなかった。

才能のない人がピアノを何年続けてもプロのピアニストにはなれない。しかし、試しにピアノを弾かせてみなければ、才能の有無は判断できないのだ。書道でも盆栽でもプログラミングでも何でもいい。もし、子供に何か一つの道で才能があれば、そして本人がそれを心底好きならば、普通の学校になんて行かなくてもいい。

大学に行きたくなったら、高卒認定試験を受け、AO入試で東大も入れる。今後、大卒の肩書きがどれほど役立つかわからないし、唯一無二の才能で食べていけるほうが子供にとって、よっぽど幸せだろう。子供が子供である期間は短い。無駄なことに時間をかけずに、いろいろなものへ挑戦させ、本人がハマれるものを見つけてあげることが最も有益だ。

なお、私と娘がハマったFFⅪの経験は、彼女のビジネス感覚に大いに影響を与えた。ビジネスも一種のゲームであり、競合相手の心理や相場を読む力、ここぞというときの勝負勘などは、FFⅪで養われたと本人がいっている。

彼女は新卒で商社に入り、30歳で小麦のチーフトレーダーとなった。年次でいくつ上の先輩たちを抜いたかは知らないが、彼女とは同僚でも競合他社のトレーダーでもなくてよかったと心の底から思う。ゲームでもビジネスでも相手を徹底的に追い詰め、自らの勝利に向けて邁進していく彼女には、私も勝てる気がしないからだ。

子供には「働く大人」を見せるべき

経営者として多くの人間を自社に採用してきた。新卒の面接も引き受けていたが、だれを採用するかを見極めるとき、選考基準として「実家が事業をやっている者」は、かなりの確率で採用していた。

旅館でも餅屋でも何でもいいが、親が自営業で、本人にそこそこの大学を卒業する能力があれば、ほぼ確実に仕事ができるポテンシャルを秘めているからだ。それくらい、「親の仕事」から受ける影響は子供にとって大きいのだ。

自営業の子供といっても、だれもが幼少期からお金の英才教育を受けてきたわけではないだろう。だが、「お金を稼ぐこと」を間近で見ていた経験は大きい。伝票を書いているところや、金銭の授受をしているところなどを見て育つと、サラリーマン家庭の子供とは圧倒的な差ができる。それくらい、実家が事業をやっていることは強みだ。

例をあげると、一本5000円もする超高級レンコンをご存知だろうか？その商品開発に成功した野口憲一さんは、霞ヶ浦のレンコン農家の生まれだ。社会学で博士号を取得し、民俗学の研究者となり、二刀流で始めたレンコン作りで成功した。今ではパリやニューヨークのレストランでも使われているという。

また、伊勢の21代続く老舗餅屋に生まれた鈴木成宗さんは、「伊勢角屋麦酒」を創業し、世界で数々の賞を受賞するビールを作った。彼は幼い頃から微生物が大好きで、微生物の研究をあきらめられずにビール作りを始めたのだ。クラフトビールの本場アメリカをはじめ、オーストラリアやシンガポールなどへも輸出実績がある。

彼らに共通していることは、素直で人のアドバイスをよく聞き、いざというときは無謀な挑戦もためらわないことだ。野口さんは先輩研究者から高級レンコンを作ってみてはといわれたことをそのまま実践し、鈴木さんはビール開発を模索しているとき、自らが世界大会の審査員となってビールづくりのノウハウを得た。

子供の頃から親の働く姿を見てビジネス感覚を身につけ、自分が働く頃には柔軟な姿勢と大胆な行動をとれる彼らには敵わない。

高度成長期以降、多くの大人がサラリーマンになり、会社に通うようになった。その結果、子供が「働く大人」に接する機会が非常に限られるようになった。普通の子供が日常的に接する大人は、親と学校の教師くらいのものだろう。サラリーマンの子供たちは、自分の親が働いている姿を見ていない。仕事の内容についてもおぼろげな想像しかできない。そのために、「働く大人」を具体的にイメージできないのだ。

子供へのお金の教育

では、サラリーマン家庭に生まれた子供にチャンスはないかというと、そうでもない。友人や親戚のなかに自営業の人がいれば、仕事中の彼らに子供を会わせるのがいい。あるいは、会社の同僚に会わせるだけでも効果はある。

昔は、仕事帰りに仲間と飲みに行った父親が、酔っ払って同僚を連れて帰ってくることが多々あった。同僚は寿司折を手土産に「奥さん、すみません。1時間だけ」などといい、飲んでいくのが普通の光景だった。父親たちは自然と仕事の話をし、子供は真剣に聞くことはなくとも、何となく耳にしていただろう。また、働く大人というものを身近に見ることができた。

私自身も、娘が子供の頃、意図的に同僚を自宅へ招くようにしていた。働く大人を見せるためだ。私や同僚は、仕事の話を娘に向けて話すことはなかったが、彼女はしっかりと聞いていたことだろう。そのときに理解する必要はない。一度聞いたことがあるものは記憶に残り、大人になって遭遇したときに思い出してくれればいい。点と点がつながり、線となるような感覚だろう。

最近では「子供参観日」を設けている会社が増えてきたが、すべての会社が取り組むべきだ。株式会社日立ハイテクノロジーズは、「こども会社見学」でオフィスや工場に子供を招いている。このプロジェクトのキャッチコピーは「オトンとこ、いってみよう」。まさに親が働く姿を見せ、子供の好奇心を刺激しようとしている。

子供にお金の教育をしたいと思ったら、大人が働いている姿や大人の世界を見せてあげることだ。

未来の価値を先に買う「ペイ・フォワード」

30年ほど前から京都の祇園に通っている。創業300余年の老舗お茶屋、一力亭の口座を持っているからだ。

昔はよく遊んでいたが、最近は行かずとも都をどりのときなどは部屋見舞いとして、なじみの芸妓《げいぎ》たちに心付けを渡している。あまりご無沙汰になるのも悪いので、年に2~3回はお茶屋に行ったことがない人や一力亭に行ってみたい、という人を連れていっている。

お茶屋遊びを楽しむためでも、ステータスのためでもない。芸妓や歌舞音曲などお座敷文化や伝統を残すためだ。お客がお金を落とさなければ、花街は持たない。

「伝統を残すため」というと、ずいぶん高尚なことのようだが、実際には個人的な未来に対する投資、ペイ・フォワードだと思っている。といってもお金を稼ぐためではない。人間関係のことだ。

花街には多くの芸妓がいる。付き合いの長い芸妓のなかには、知り合ってから20年以上にもなる。彼女たちは16歳から舞妓《まいこ》として修業を始めるのだ。ほとんど娘の成長を見守っているような感覚だ。

芸妓のなかには、引退して一般の企業に就職する子もいるし、結婚して専業主婦になっている子もいる。それでも彼女たちとの付き合いは続き、結婚した旦那さんも誘ってみんなで食事に行くこともある。このような付き合い方は、銀座のクラブではできない。

古来、日本の文化は、ペイ・フォワードによって成り立ってきた。「ツケ払い」がよい例だ。ツケというとあと払いのような気がするが、文化にとっては先払いである。手元にお金がなくても商品を買ってあげることで、社会が回るようになっている。

たとえば、呉服屋で着物をツケで買うとしよう。呉服屋としては、売り上げが立つ。ツケだとしてもいつか回収できれば、ペイ・フォワードだ。江戸時代の商習慣では、着物も食料品もツケで回っていたのである。

飲食店は、一軒家で数代続く店に通う

飲食店は、一軒家で数代続く店に通うと決めている。一軒家へのこだわりは、ビルに入っている飲食店は外観に特徴がないので、記憶に残らないというのもあるが、ビルのオーナーが変わると閉店してしまうことがあるからだ。

グルメサイトで評判のよい流行りの店は、シェフがやめてしまえばそれで終わりだ。数年後にあっけなく潰れることもある。

40歳の頃から10〜20年通った店がなくなるのは、「帰る場所を失った」ことに等しい。いろいろな店に行き、そこのシェフと仲良くなり、地方へ行って一緒に食材までとってきたとしても、そのシェフが店をやめてしまえば、行く店がなくなるのだ。

2代目、3代目がやっている店ならば、自分が80歳になったときも代替わりして3代目、4代目が変わらず迎えてくれる。どちらが幸せかはあきらかだ。60歳になったときに行くのが、チェーン店しかないというのは、あまりに寂しいだろう。

この数十年で発展した街は、人も店の入れ替わりも激しいため、下町の昔からある店がいい。最近、谷根千の調子がいいのは、どんな店に行くべきか多くの人が気づき始めたのだろう。

同じように、永遠の愛を誓う結婚式の場も、末長くある場所にしたほうがいい。最近はレストランウェディングや結婚式専門の式場が人気だが、いつかなくなるのは目に見えている。費用が抑えられるし、新しくできたばかりの会場が素敵というのもわかる。だが、式を挙げて数十年後、会場がなくなってしまっては、気持ちのいいものではない。歴史のあるホテルであれば、簡単にはなくならないし、毎年記念日に食事をすることもできるのだ。

花街に話を戻すが、文化を保護するためだけにペイ・フォワードしているのではない。今、20年ほどの付き合いのある芸妓たちとは、この先の20年も一緒に遊んでいるだろう。80歳になっても、40年前の話ができ、楽しく過ごせる人間は得難い。お茶屋も飲食店も、自分が生きている間はなくならない場所へ通うことにしている。いくつになっても帰れる場所があるように、将来への投資をしているのだ。

人生で最も高価だった本

本屋やアマゾンで買う本は、基本的に新刊だけである。仕事で書評を書くようになってから、新刊を読んで書かざるを得ないからだ。

古典の名著は、若い頃に読み尽くしたたし、古いものにまで手を出していたらいくら時間があっても足りない。また、版元から毎日新刊が送られてくるので、読むものは自然と新刊ばかりになる。

ただし、例外もある。昨年パリで買った、人生で最も高価だった本は、全世界で1500部限定という希少性もさることながら、総重量59キロ、見開きのサイズが93・6センチ×80センチという「巨大本」だ。価格は60万円ほど（タッシェン本店で特価だった）。

中身はブラジル出身の写真家セバスチャン・サルガドの『Genesis』2分冊と安藤忠雄デザインの書見台だ。宅配業者が到着前に「置く場所がありますか？」と、わざわざ連絡をくれ、三人がかりで運んでくれた。この本は読むつもりで買ったわけではない。別荘の本棚に並べるためだ。

タッシェンの本は、売るつもりはないが投資に近い。歌川広重の本は和綴じで作られており、大変珍しい。私は定価の2900円で購入したが、現在の価格は2万円ほどになっている。ほかにも、タッシェンの本は数万円するものが多数ある。

タッシェンだけではなく、見た目のために買っている本がいくつもある。大型の写真集や図鑑、全集などだ。これらの本を並べてカッコいい本棚を作りたかったというのもあるが、お客さんが来たときに話題となるものを提供したかったのだ。

友人たちと集まるときも、何か話題を引き出すツールが必要だ。それをきっかけに自分一人では思いつかなかったようなアイデアが浮かび、仕事や遊びにする。人に刺激を与え、動かし、そこから新しいものを作りたいのだ。何より知的刺激がほしい。これは本を読むだけでは満たされず、面白い本と面白い人を集めて、初めて満たされる欲求だ。

お金は借りるな、「恩」を借りろ

私は借金はしないが、若い頃、いろいろな人からあえて借りていたものがある。それが「恩」だ。

40代の頃、お偉いさんが集うイベントで、有名企業のトップたちとのパネルディスカッションに登壇した。そこで同席したのが、京都にある某製作所の社長だ。まだ私も若かったし、冗談まじりに「今度おごってくださいよ」といったところ、後に祇園で本当にごちそうになった。

このように、わざと「おごってください」といって縁を作っていたわけだ。おごられたほうはあまり覚えていないが、おごったほうは確実に覚えている。おごったほうは、おごったのだから何か回収しようとする。おごってくれる人を選ぶには選球眼が必要なのだが、いい人を選べば、いい回収の仕方をしてくれる。「仕事を手伝え」といって、ビジネスのチャンスをくれるのだ。

若い頃だからできたテクニックではあるが、あえて不遜ないい方をすれば、要は貸しを作らせてあげていた。その貸しを上手く返せば、さらにチャンスは広がった。

部下や若い人には、「返す気満々の状態で、恩を借りろ」とよくいっていた。お金は借りるべきではないが、恩はどんどん借りたほうがいい。そしてしっかりと返すのだ。

若い頃は恩を借りていたが、今では逆に恩を貸すようにしている。私は早稲田大学ビジネススクールの客員教授を16年間務めていた。しかし、地位や報酬が目当てだったわけではない。面白い学生と出会い、彼らに恩を貸すことを目的としていた。

学生といっても大半は社会人であり、大手メーカーや金融、商社などに勤めているビジネスパーソンたちだ。

日中は仕事をこなし、夜や休日を使ってわざわざ勉強しにくる彼らには頭が下がる。こちらもいいかげんな気持ちで教壇に立つことはできないため、毎回ゲスト講師を呼び、彼らに熱い講義をしてもらっていた。

ゲストには、ユーグレナの出雲充さんや気仙沼ニッティングの御手洗瑞子さん、APU学長（当時ライフネット生命会長）の出口治明さんなど、熱い思いを持って起業した方々にお越しいただいた。学生たちは授業中の質疑応答の時間や、授業後の飲み会などで、現役の起業家たちの情熱に多く触れることができたことだろう。

卒業後、大きく羽ばたいた学生がいる。その一人が、Spectee（スペクティ）の村上建治郎さんだ。村上さんは私の講義を受けたあと、Specteeを起業した。Specteeの提供するSNSリアルタイム速報サービスは、ツイッター、フェイスブック、インスタグラム、ユーチューブへの投稿から事件・災害・事故情報を、画像認識、機械学習などの技術によって自動で収集し、いち早くテレビ局・新聞社等に配信するものだ。国内では150社以上が導入し、海外への配信も行っている。

ほかにも、AIアナウンサー「荒木ゆい」によるナレーションサービスも行っている。「荒木ゆい」さんは、ラジオNIKKEI『大人のラヂオ』や日本テレビ『ズームイン!!サタデー』に出演している。

Specteeは私にとって希望の星だ。現在のビジネスももちろんだが、将来的にどのような外部環境変化にも対応するであろうバネを持っているスタートアップは本当に稀なのだ。

しかも、変化する外部環境の匂いを嗅ぎわける力を持っている。それはメディアを身中のものにしたという強みだ。これからもさらなる発展を祈っている。教え子の成功は教師として嬉しいが、私はSpecteeに出資もしているので、リターンにも期待しているのだ。

第4章

最高の買い物、価値あるお金の使い方

「良いもの」を買うための審美眼

「もの選び」にはコツがある。長年使い続けられる「良いもの」を見抜き、購入するには、経験に裏打ちされた鋭い審美眼が必要だ。

購入後、何年経っても手放すことなく、愛でているものがある。その一つが「LEICA Q（Typ 116）」（ライカQ）だ。各社から毎年さまざまなカメラが売り出されるが、ライカQを手に入れてからは、ほかのカメラにまったく興味がなくなった。ドローンやモバイルバッテリーなどのガジェットは新商品が出るたびに買ってしまう私がこのありさまだ。

２０１５年6月20日に発売されたライカQは、これさえあればほかのカメラはすべて手放してもいいと思えるくらい、完成している。実際、この数年はiPhoneのカメラの性能が良いので、以前は毎日持ち歩いていたデジカメを持ち歩かなくなった。日常で撮る写真はiPhoneで十分だ。ただ、旅行など特別なときは、ライカQでなければならない。

ライカQは、35ミリフルサイズの２４００万画素ＣＭＯＳセンサーを搭載し、大口径広角レンズのライカズミルックス f1.7/28mm ASPH. を固定装備している。ライカらしいデザインとともに、３６８万ドットのＥＶＦ（電子ビューファインダー）や、ライカＴから受け継ぐタッチ操作、さらに無線ＬＡＮ機能も備えている。ライカの伝統と最新技術を同時に味わうことができるのだ。何より、サクサク撮れるのが気持ちいい。

ライカのレンズは解像力と同時にボケ味も意識して開発されている。ピントが合った部分が際立ち、立体効果が得られ、なまめかしい写真が撮れるのだ。２０１９年３月に後継機の「LEICA Q2（19050）」ライカＱ２が発売され、迷わず購入した。しかし、入荷が半年待ちとなってしまったので、到着を心待ちにしている。今年のヨーロッパ旅行までには何とか間に合いそうだ。

ライカＱは知る人ぞ知る究極のカメラである。性能だけではなく、手に持ったときの質感がすばらしいのだ。Mac や iPhone が世界中で愛されるのも、質感が高く、所有する喜びがあるからだ。ゴツゴツしていたり、逆にペラペラしていたりするプロダクトは、事務機器のようで面白味がない。

質感は見た目だけの話ではない。たとえばメルセデスベンツのc240は究極の質感を有していた。ドアを閉めるときの固さやアクセルを踏むときの重さ、キーの重さ、ウィンカーを上げ下げするときの重さまですべて統一されていたのだ。それぞれは異なる感覚にもかかわらず、統一していたのは、質感が求められることを知っていたのだろう。

我が家のリビングテーブルは、ナラの集成材で作られ、重さは250キロほどだ。天板と脚がしっかりしていて、見ただけで重いということがわかる。ナラは傷がつきにくく、ついたとしてもその傷が美しい。それを楽しみながらずっと使い、ときどき表面を削り取る。使えば使うほど、時間が経てば経つほど、質感が高まるのだ。

新しいもの好きな私が、昔から変わらず使っているのは、ペリカンの万年筆とボールペンのセットだ。かれこれ25年ほどになるだろう。万年筆は、使う前に神田の金ペン堂で削らなければならない。万年筆は元々、アルファベットを左から右へ横書きをするために作られている。日本語の場合、上から下へ縦書きで、本来の向きと逆になってしまうのだ。そこで、日本語用にある程度やすりをかけ、角度を変えないと使えない。もし、万年筆を一本持とうと思うなら、ペリカンのスーベレーンがおすすめだ。書きやすさと質感がほかの万年筆とは段違いである。

書きやすさや質感とは別だが、手放せない万年筆が一本ある。マイクロソフトをやめるとき、退職記念として名前が入ったモンブランの万年筆をもらった。ピカピカと輝き、もらったときは美しいが、銀製の万年筆なんてすぐ真っ黒になってしまうと思い、そのまま仕舞い込んでいた。だが、10年ほど経って見たところ、変わらず光り輝いている。無垢のプラチナで作られた万年筆だったのだ。そのときは箱を捨ててしまったことを後悔した。名前入りなので転売することはできないが、もう少し丁重に扱うべきだったと思う。

手元に置いておきたくなるのは、質感の高いものだが、機能も持ち合わせないとダメだ。優れたデザインの高級時計のなかには、質感の高いものもある。だが、時間を見るならスマホで十分だと思ってしまうので、時計には特別な機能を感じられない。そのようなものは、残念ながら欲しいと思えないのである。やはり、最も価値ある買い物だったのは、質感も機能も究極のライカQだ。

将来を決める出会いは身近なところにある

一つのモノとの出会いが、その人の未来を大きく左右するということがある。私の場合は、コモドール社の「PET2001-32」という8ビットのパソコンがそうだ。新卒で就職したばかりの当時、何に使うのか決めもせず、給料4ヶ月相当の29万8000円を躊躇なく支払った。買ったのは札幌のハドソンだった。

当時のパソコンは、買っただけでは何もできない。インターネットもなく、さまざまな用途に応える便利なアプリなどもない。とりあえず、パソコン専門誌の月刊アスキーを買い、掲載されているプログラムを打ち込んだ。半年もするとBASICは書けるようになり、仕事用の簡単なプログラムを作った。

コンピューターに興味を持ったのは高校時代だ。当時の最新メインフレームFACOM230の話を聞きに、富士通札幌支店まで行ったこともある。なぜコンピューターに興味を持ったかというと、そもそも電子回路に興味を持っていたからだ。小学5年のとき、家族で行った旅行先のホテルのロビーにたまたまあった『科学朝日』が実に面白く、定期購読を開始した。それから電子関係の雑誌購読へつながったのだ。

あのときに『科学朝日』に出会わなかったらと思うとゾッとする。今の自分の経済的社会的基盤は、コンピューターと外資系から作られた。

外資系すなわち外国への抵抗感がなくなったのは、小学生のときから「兼高かおる世界の旅」を見ていたからだ。いつかは外国に行くと決めた。飛行機で飛んでいって楽しめばいいんだ。そこには知らない世界があるけれど、理解できないことはないのだ、と思ったのだ。

結果的に1980年に外資系コンピューター会社に入社し、その先に現在の自分がいる。未来はどこから広がっていくかわからない。

今の小学生に刺激を与えているのは何なのだろう。間違いなく彼らは何かから刺激を受けている。「大人が子供用に準備したもの」ではない何かから刺激を受けているはずだ。どんな刺激を受けているかは、親にも本人にもわからない。数十年しなければわからないのだ。

大人が子供に用意するべきことは、大人が面白いと思うことを子供にも体験させることだ。それこそがホンモノの教育だとつくづく思うのだ。将来を決定づけるものは、意外と近くにある。

未来に参入するための買い物

40年以上前、私にとっての未来はコンピューターだった。未来は案外手近にあるものだ。ここ数年、未来を感じるのは宇宙開発である。

私は、堀江貴文が主宰するインターステラテクノロジズ（IST）の少数株主だ。2019年5月4日、民間ロケットMOMO－F3の打ち上げ成功は、将来の日本経済にとって非常に意味がある。

明治期において製鉄や電力などのインフラ基幹産業は国家事業であった。それがやがて民営化され国際競争が生まれ拡大していった。ロケットも元々はN

ASAやJAXAという国家事業だったが、21世紀に入って民営化された。基幹産業とは、その産業が勃興することで、それを利用する川下の産業が次々に生まれることを可能にする産業ということだ。

製鉄からは建設、自動車、造船など無数の産業が生まれた。ロケットからはリモートセンシング（今ではヘッジファンドも利用している）やGPSなど無数の産業が生まれるだろう。

それを見込んだのがジェフ・ベゾスとイーロン・マスクだった。『宇宙の覇者』（新潮社）という本に詳しいが、ベゾスのブルーオリジンは2000年に、マスクのスペースXは2002年に設立されている。ともに民間による宇宙開発のために立ち上げられた企業だ。

ISTは「なつのロケット団」として2005年に誕生している。残念ながら資金スポンサーだったホリエモンがライブドア事件で資金を失い、ベゾスやマスクに比べると遅れが生じていた。返す返すももったいないと思う。

ともあれ、私の目から見ると、ISTはまさにHONDAだ。GMやトヨタが四輪を作っている横で、自動二輪から会社をスタートし、やがてＨＯＮＤＡジェットを生み出す。そんな会社になりうると思う。

ちなみにＭＯＭＯは枯れた技術を使っている。ピントル型エンジンである。このエンジン形式は１９６０年代のアポロ宇宙船の着陸船で使われていたが以後忘れ去られていた。それを使ったのがＩＳＴのＭＯＭＯとスペースＸのマーリンエンジンだった。

このエンジンの利点は、何よりも基本特許がすでに切れているということだ。さらに良いところは大型化が容易なのだ。スペースＸが使い続けている理由でもある。ピントル型は構造的に燃焼後のエロージョンと、アブレーション剤の炭化が生じるのだが、ＭＯＭＯはスペースＸと違い、使い捨て設計なので、スペースＸマーリンと比べ問題は小さくコストも安いだろう。

ともあれ、この会社に出資したのは、以上のように基本設計がシンプルで、それゆえに安価であり、近い将来には衛星の軌道投入コストが劇的に下がる可能性があるからだ。だが、正直にいって直近のリターンは期待していない。ホンダやマイクロソフトがそうであったように30年後には、数十億円になって戻ってくるであろう。30年後、私は90歳を超えている。投資というよりも、将来の日本のための応援というべきかもしれない。

「プランB」に行ける奴が成功する

ＩＳＴ以外にも未来を感じ、投資している会社がいくつかある。

空飛ぶクルマを開発している teTra（テトラ）という会社がある。teTra はボーイングが主催するコンテスト、ＧｏＦｌｙに参加中だ。優勝者には100万ドルが与えられ、その先にはさらに実用化への道が開ける。

ＧｏＦｌｙとは、簡単にいえば「人間が乗れるドローン」の性能を競うコンテストだ。直径30フィート・高さ12フィートの仮想円柱に触れずにほぼ垂直に上昇し、1マイルを6周して速度やタッチアンドゴーを競う。騒音や視線ベクトルなどの細かい規定もあるのがボーイングコンテストの特徴だ。彼らは即事業化を目指しているのである。teTra は高性能ガソリンエンジンとジェネレータ、4セットのモーターとプロペラで構成される、人間が搭乗する美しいクアッドコプターだ。

空飛ぶクルマへ未来を感じているが、投資を決めたのはteTraの技術力の高さではない。代表の中井佑《たすく》くんの面構えが良かったのだ。彼は生意気ざかり（つまり自信満々だが実力も十分。まるで若き日のビル・ゲイツを見ているようだ）のリアルテック起業家だ。

自分の事業に熱心で、ノリが良く、エネルギーにあふれている若者は成功する。ただし、最初の事業に固執するのではなく、上手くいかなかったとき、プランBに舵取りできる柔軟さが必要だ。彼にはその能力があるとみている。

積み上げてきたものを手放し、切り替えることで成功した起業家といえば加藤崇《たかし》さんだ。彼は、日本で初めてGoogleに会社を売った男だ。

ロボットベンチャーのSCHAFT（シャフト）の名前は聞いたことがあるだろう。そのSCHAFTを売却後、加藤さんはアメリカでさらなる挑戦をする。AIを使ってインフラの劣化診断をするFracta（フラクタ）を創業したのだ。

そのFractaも２０１８年５月に栗田工業へ売却した。

Fractaも最初からすべて上手くいったわけではない。詳しくは彼の著書『クレイジーで行こう！』（日経ＢＰ社）にあるが、初めはロボットを使って水道管の劣化を探ろうとしていた。あるとき、ＡＩを使えば費用を抑えられ、精度も上がることに気づいた際、瞬時にロボットからＡＩへとプロダクトを切り替えた。その決断が功を奏し、今に至る。

スタートアップは最初に思い切り失敗したとしても、次にまた挑戦すれば成功率は確実に上がる。プランＢに切り替えられる人たちには共通点がある。面構えがいいのだ。愛嬌があって、不思議と応援したくなるような魅力を持っている。

リアルテック投資家として、支援するかどうかを決める際、正直事業計画なんて見ていない。代表者の面構えが良ければ投資をすると決めている。

今はテレビのほうが絶対的に面白い

将来につながる情報をどうやって入手するか。多くの人が、今はネットで何でも調べられるという。テレビや雑誌がつまらなくなり、ネットコンテンツが盛り上がっているという。Ｎｅｔｆｌｉｘのドラマが面白いといって夢中になっている人もいる。それはそれで構わないが、流行の情報を消費するだけでは、いつまでも「大勢の一人」のままだ。

わざわざ私の本を読んでくれている方には申し訳ないが、今の時代、ネットや本よりもテレビを見るべきだ。テレビのほうが圧倒的に面白い。私はよくフェイスブックにフォロワーが興味を持つと思われることを投稿している。「知りませんでした」とか「どこで情報を入れてくるのですか」などとコメントをくれるが、ネタ元は8割がテレビだ。「テレビ見ない自慢」をする人をたまに見かけるが、本当にもったいない。

テレビといっても、くだらないバラエティーやグルメ番組を見る必要はまったくない。見るべきは、制作費のかかったノンフィクションだ。

2019年7月、NHKの『恐竜超世界』はすばらしかった。この番組だけで2ヶ月分のNHK視聴料を払ってもいいと思ったほどだ。羽毛が生えていた恐竜がいることは知っていたし、そもそも恐竜は鳥類の先祖であることも知っていた。しかし、実際に超絶技巧で作られたCGで見ると、インパクトがまったく違うのだ。

もし約6500万年前に巨大隕石が地球に落ちてこなければ。その結果として鳥類の祖先以外の恐竜類が絶滅しなければ。今この時間に、恐竜の子孫たちが「それでさあ、QRコード決済ダメじゃね。バーカ」などと話していたに違いない。もちろん、その場合、我々人類は存在しないだろう。要するに当時ネズミのような人類の祖先である哺乳類と、すでに現代のカラスに匹敵する知性を持つ恐竜類の競合だったのだ。その後6500万年をかけて進化したときに、哺乳類が恐竜類を知性で凌駕するという生物学的な優位性はない。ネズミがカラスに知性で敵うわけもないからだ。

ともあれ、小中学生の親たちは、この番組を一緒に見るべきかもしれない。

6500万年と全地球レベルの時間と空間での仮説だ。その仮説を語り合うことは重要だ。SFが多くの起業家を育てたように、いかに子供の視野をとてつもないレベルで広くできるかは知性ある親の努めだ。空想的想像力こそがこれからの時代に必要な能力なのだ。

ほかにもいくつかオススメの番組をあげておこう。美術館、博物館ものだとBS日テレがやっている山田五郎の『ぶらぶら美術館・博物館』。山田五郎とキュレーターとのやりとりがかなり専門的だ。だが、共演しているおぎやはぎが素人目線で質問してくれるので、視聴者を置き去りにしない。計算されつくしたシナリオなのだ。

BSテレ東の『ワタシが日本に住む理由』も面白い。日本在住10年を超えるような人が出演し、日本人が知らない日本の魅力について教えてくれる。佐賀のB級グルメにハマったフランス人、秋田の寺に嫁いだアメリカ人、新潟の古民家に暮らすニュージーランド人など、毎回どこから見つけてくるのか不思議だ。彼らの日常風景を映しながら語られるストーリーは興味深い。毎回一冊の本を作れると思うほどだ。

面白い番組の探し方だが、地道に自分で見るしかない。私は、大容量のハードディスクレコーダーを買って、毎週日曜日にすべて予約録画しておく。後日気になったものを1・3倍速で見ているだけだ。

自宅にいるときは基本的にテレビはつけっぱなしで、録画したものがつまらなければ、すぐにほかの番組へ切り替えている。おすすめのハードディスクレコーダーはパナソニックのディーガだ。スマホのアプリと連動させると、外出先でも録画した番組を見ることができる。

「そうだ京都、行こう」ではダメなわけ

私は、意味もなく思いつきで旅行に行くことはしない。出不精なのもあるし、旅行は安い買い物ではないし、せっかくなら有意義なものにしたいのだ。

行き先は徹底的に調べてから訪れたほうが得るものが多く、何より旅行の楽しみの9割は、事前の下調べの時間だという研究もある。

行き先は自分でテーマを設け、決めるべきだ。「そうだ京都、行こう」と、CMに踊らされて京都へ行っても意味がない。

私はこの10年ほど、年に一度2週間ほど、ヨーロッパをクルージングで回っている。同じ航路には乗らず、毎年さまざまな国を巡っている。来年のイギリス・アイルランド航路で、ヨーロッパをすべて船で回ることになる。

テーマを決めて、コンプリートするのは達成感があって楽しい。また、私の場合まとまったネタとなれば、何かしら仕事へつなげることができる。遊びながらもお金になることを頭の片隅で考えているのだ。

クルージングは富裕層の遊びのように思われるかもしれないが、実はそうでもない。最近テレビで紹介される、10万トンを超える見た目がド派手なマイアミ発着の大型船は実は超庶民の船だ。驚くほど安く乗れる。一番安い巨大船の一番安い部屋に泊まると、7泊8日24時間食べ放題で500ドルくらいだ。

それが高そうに見えるのは、日本の旅行代理店が航空料金を含めてたんまりとっているからである。マイアミの埠頭で5万円握りしめていれば1週間楽しめる。船会社としてはいかに酒を売るかが最大の関心事になる。食事は基本料金に含まれるが、アルコールは別料金である。実は酒こそがこのクラスの船の最大の利益源だ。

逆に富裕層向けの船は5万トンから10万トンまでの中型船だ。見た目は驚くほど地味である。全室スイートで24時間バトラー付きという船もある。こちらは普通のクラスの部屋をとると、7泊8日で5000ドル程度だ。

どの客船もエクスカーションという寄港地観光を用意している。庶民船には庶民船の、富裕層船には富裕層船のエクスカーションが用意されている。エクスカーションはもちろんオプション料金をとられる。

一例をあげると、朝7時に着岸、8時にエクスカーション開始、全員埠頭から貸し切りバスに乗って地元観光3時間、昼には船に帰って、船で昼食をとる。その価格も50ドルから1000ドルと幅がある。50ドルの場合は50人乗りのバス、1000ドルの場合は半日ヘリコプター貸し切りなどになる。

毎年、クルージングをするのは難しいというのなら、スケールダウンしてテーマ設定をすればいい。たとえば、「日本国内すべての水族館へ行く」でもいいし、「省庁の食堂へ行ってカレーを食べてくる」でもいい。自分が楽しめるものをコンプリートしていけばいいのだ。

その際、ｎｏｔｅでもユーチューブでも何でもいいので、記録を残しておくことだ。フェイスブックへの投稿でもいい。自分にはこんなコンテンツがあります、と発信しておくことは、何かのチャンスとなる。もしかしたら副業につながり、収入を得られるかもしれないのだ。

あえて横浜に一泊する

東京に住んでいると、横浜へ日帰りで遊びにいくことはあっても、一泊することはなかなかないだろう。東横線で渋谷―横浜間は30分かからない。わざわざ泊まりに行く距離ではないと思うかもしれないが、横浜の夜をとことん楽しむためにはホテルをとるべきである。

もしかすると横浜は日本人に残された唯一の大型観光地なのかもしれない。

インバウンド観光客数も、クルージングシップの寄港数も、コンテナとり扱い数も昔のまま、化石のような街なのだ。ニューグランドやインターコンチネンタルに泊まって、昼は元町を散歩し、夜は懐かしい大さん橋のスカンディヤか山手十番館あたりで食事をする。人も風景も30年前と驚くほど変わっていない。東京人にとってみると実は穴場なのだ。ＩＲなどを作ってインバウンドが増えるとその穴場がなくなるわけだ。横浜市の財政がどうなろうと知ったことではないので、カジノ誘致を反対している「ハマのドン」には頑張ってもらいたい。

横浜赤レンガ倉庫桟橋から出港する「工場夜景ジャングルクルーズ」もおすすめだ。私が乗船したのは、真冬だった。雪が降りしきるなかを90分。工場夜景がキラキラ光り、海面から立ち昇る湯気は幻想的だった。この湯気は、火力発電所などからの排熱によるもので、氷点下じゃないと見られないそうだ。ガイドもプロっぽくてすばらしい。もちろん温かい船内にとどまって手を握りつづける若いカップルもいて、それはそれで夜の横浜らしくていい感じだ。

今でも十分魅力的だが、私が横浜市長なら蒸留所を作る。先日、完熟し切った桃を瞬間冷凍し、まるごとスイーツにする取り組みを見つけた。良い取り組みだと思うが、もっと低レベルの食用不可能なクズ桃が大量にあるだろう。同じようにリンゴもブドウもナシも。それを使い、本格的な蒸留酒を作るのだ。東京都心がどこか人にやさしく、メシは旨く、飲み物も柔らかい感じになってきている。絶対に今40度超えのフルーツハードリカーを作りはじめるべきだ。

そんな蒸留所を横浜は「山下ふ頭」などに作ればいい。周りはフルーツの香りで包まれるであろう。蒸留所の周辺はストリートミュージック・ダンスなんでもOKの空間にする。新しい文化の発祥地になるだろう。もう東京では候補地が見つからない。

子供には大人の夜を体験させろ

横浜の夜は中華街だけではない。伊勢佐木長者町で飲むのもいい。クレイジーケンバンドのホームライブハウスでライブを楽しんでから野毛方面へブラブラ。相変わらずであろう。東京にも京都にもそんな場所はもうなくなった。『横浜の遊び方』というムックやサイトを年代別に作ったら売れそうだ。単に今の若い東京人は知らないだけだと思うし、中高年は忘れているだけだと思う。

都内在住者が「近場で一泊」をテーマにするのなら、お台場もおすすめだ。今話題の『チームラボボーダレス』がある。光と映像と音楽を融合させたミュージアムは、海外からもこれを目当てに訪れる人がいるほどだ。

横浜やお台場のいいところは、インバウンドの観光客がたくさん来ていることだ。観光地のホテルならば、Ｔシャツと短パンのようなラフな格好でもいられて過ごしやすい。さらに、ホテル内のレストランに子供を連れていける。都心のシティホテルやレストランと違って、子供がいても悪目立ちしない。海外からのお客さんは、子供連れが多いからだ。

ファミレスではないレストランで、ナイフとフォークを使って食事をするというのは、子供にとって良い経験である。大人の世界を見せるために、小学校高学年くらいになったら、一度は連れて行くべきだ。子供を子供扱いするのではなく、大人と同じように扱ってあげるのだ。すると、行儀よく食事ができるようになるだけではなく、普段の振る舞いもグッと大人びることだろう。

車を持つことを考え直す　～私の車遍歴～

車を道楽だと思ったことは一度もない。だが、都心部に住む人にとっては、所有する理由は少なくなってきているだろう。

私が初めて車を買ったのは通勤のためだった。新卒で就職した会社は、千歳の工業団地のなかにあった。バスすら走っておらず、車がなければ通勤できなかったからだ。買った車は三菱のミラージュだった。自動車部品メーカーに入社したため、系列メーカーの車しか選択肢になかったのだ。

当時、本当ならばマツダのファミリアやホンダのシビックに乗りたかったが、今思えばミラージュも悪い車ではなかった。

札幌から東京に出てきたとき、散歩中に中古車屋で車を買ったことがある。安い買い物ではなかったが、つい気に入ってしまったのだ。通勤用でも何でも、一度でも車を買ってしまうと、そのあともずるずると買い続けてしまう。もし就職先が都内で、通勤に車が必要ない環境から社会人生活を始めていたら、今でも車を所有していないかもしれない。

マイクロソフト時代は電車やタクシーで通勤していたが、娘ができたため、やはり車は必須だった。子供が小さいうちは、車があったほうが何かと便利だ。たとえば、家族でキャンプに行くこともあるだろう。お父さんが張り切り、お母さんも子供も楽しんでいるように見えるのが、キャンプというものだ。そして、10年後、本当に楽しんでいたのはお父さんだけだったことに気づく。だが、これくらいの楽しみはあってもいいし、そのためにも車は必要だ。

今の私にとっては、車は単なる足であり、かつ運転を楽しむために乗るものだ。

かつて、ポルシェ911を2～3台乗り継いだことがあるが、買ってから半年、洗車をしないことがザラにあった。ポルシェのセールスマンが、納車後一度も洗車をしていないと聞いて、あっけにとられていた。

しかし、車に関してはポルシェ一択だ。ポルシェとそのほかの車では、別の乗り物だと思っている。思い切りアクセルを踏めばその分加速し、ブレーキを踏めば思った通りに止まる。ハンドルを25度回せば、ちゃんと25度回る車はポルシェ以外にない。ほかの車は、リヤカーにエンジンがついている程度のものだと思っている節がある。

ポルシェならば、純粋に運転を楽しむことができる。暴力的なほどの馬力やパワーを誇るGT-Rやフェラーリと異なり、ポルシェはライトスポーツカーだ。一般道を走っていて楽しい車なのである。お金を持っている人は、ポルシェをスーパーカーだとは思っていない。いつでも乗れる、普段使いの車なのだ。

ポルシェで純粋に運転が好きだと気づき、マツダのロードスターをとことん改造したこともある。マツダスポーツの初代の部品に取り換え、エンジンにも手を入れた。改造費はもとの車体の2~3倍にもなった。自分で好きなように改造したこともあり、気に入っていたのだが、売ってしまった。クラッチ盤が2枚ついているものを使っていたため、踏み込むのに相当な力が必要だった。

クラッチを踏むのに2回足をつり、このままでは事故を起こして死んでしまうと思い手放したのだった。

あなたが都心に住んでいて、車が趣味ならば、持つことは止めない。また、子供がいる場合は、車がないと大変だ。だが、どちらにも当てはまらないならば、車を持つことを考え直してみていいだろう。今は、カーシェアのサービスが普及し、必要なときのみ手軽に車を利用することが簡単になっている。都心に住む人はこれを賢く利用するべきだろう。

ゲームはクリエイターとの勝負

私はゲームが好きだ。大作のロールプレイングゲームに寝食も仕事も忘れて没頭した経験はたびたびある。だが、作り物の世界にのめり込むことを楽しんでいるわけではない。

三度の飯よりゲームが好きなゲーマーでも2タイプにわかれる。ゲーム内に作り込まれた世界観を楽しむタイプと、ロジカルな必勝法を探すことを楽しむタイプだ。

私はもちろん後者だ。必勝法といっても、バトルの必勝法ではなく、できるだけ効率よく武器を鍛え、レベルを上げ、同様の考え方を持つ仲間と戦うことだ。

ゲームクリエイターの考え方を予想し、クリアしていくのが快感だ。対戦しているのは、目の前のモンスターではなく、ゲームクリエイターなのである。

最近、よくやっているのは、「Toy Blast（トイブラスト）」というパズルゲームだ。現在、レベル2205だ。ちなみにワールドワイドでは、2751が最高レベルである。最高レベルまで到達すると、ボーナスステージが出現し、2〜3週間に一度、最高レベルが上がっていく。50面クリアすると面は増えず、ボーナスステージをやり続けることになる。

このゲームが面白いのは、ゲームクリエイターとの対決性が明確なことだ。現在、40人ほどのクリエイターが、パズルを一つずつ作っている。パズルゲームにありがちな、シャッフルされ、適当に作られた面というものがない。一つ一つが人間によって作り込まれているので、プレイヤー側でもどのクリエイターがどのパズルを作ったのかわかるほどだ。

クリエイターごとに思考パターンが異なるため、パズルに特徴がある。クリエイターの名前はわからないが「レベル27443とレベル24660は同じ人が作ったな」などと思いながらプレイしているのだ。

日本でも10万人ほどプレイしていると思うのだが、現在私は30位だ。ちなみに無課金である。このゲームは、論理的に物事を考えられる人でないとクリアできないし、楽しめないだろう。始める前に3分ほど考え、取り掛かることもある。どのクリエイターが作ったか考え、意図を読み解くのだ。このゲームはめちゃくちゃ面白いが、気軽におすすめできない。麻薬的にやってしまい、仕事にならないからだ。

第5章

成毛流「稼ぐ」ための投資

目的は「増やす」でも「貯める」でもない

投資を学ぶならひふみ投信の一択

無駄遣いをやめて100万円を貯め、運用を始めるべきだと先述した。もし、あなたが資産運用を一度もしたことがなく、知識もない場合は、レオス・キャピタルワークスの「ひふみ投信」がおすすめだ。念のためいっておくが、私はひふみ投信の回し者ではない。

ひふみ投信の良いところは、儲かるか儲からないか以前に、「そもそも会社とは何か」「投資先を見極めるとはどういうことなのか」を教えてくれる。ひふみ投信は、TOPIX（東証株価指数）や日経平均のような市場全体に投資しているのとは異なり、日本株に投資するアクティブファンドだ。

ひふみ投信の投資基準は明快だ。パートナーが自ら国内外へ出張し、企業規模を問わず、あらゆる経営の現場を見てきている。経営者と直接会い、話しぶりや表情の変化から生きた情報を得て、成長企業を発掘しているのだ。

それに対して、大型株を扱う一般的な投資信託は、日経平均に連動するだけである。日経平均はダウ平均に連動し、マクロの政治ニュースに踊らされる。

トランプ大統領の一言で上がった、下がったとなるものに、自分の資産を預けるのはあまりに人ごとすぎないだろうか。

ひふみ投信は、運用部の人たちが「この社長がいい」「この技術ならいける」と確信した企業に投資するため、ファンダメンタルズや政治ニュースの影響を受けにくい。見込みがあれば小さな会社の株も買うため、投資信託というよりベンチャーキャピタルのようだ。

さらに、ひふみ投信には月2回の運用レポートや、投資先への訪問セミナーなどの顧客サポートがある。つまり、ギャンブル的な投資・投機ではなく、「事業に対して投資すること」のいろはを学べるのだ。

これはウォーレン・バフェットが率いるバークシャー・ハサウェイとよく似ている。アメリカでバークシャーの主催するセミナーへ行くと、投資先の財務諸表をすべて分析して教えてくれる。バークシャーに投資した人は、それらの分析を聞くためにセミナーに通う。「この企業は実は隠し財産が多い」「癒着によって成長していた」などの解説を聞き、財務諸表の深い読み方を学んでいるのだ。

アメリカ人の経済や社会についての知識は豊富だと感じるが、バークシャーがあることの影響があるかもしれない。これに匹敵するものが日本にあるとしたら、ひふみ投信だけだ。

あなたがビジネスパーソンであれば、ひふみ投信で学べることは、自分の本業にも生きるだろう。逆に、本業の知識や感覚も投資に生かせる。

とりわけ、キャリアが浅く、自分の所属する会社のことしか知らない若い人にとってさまざまな企業について深く知ることの意義は大きい。そのためにも、ひふみ投信にお金を預けるのは有効だろう。本屋で参考書を買い、自分一人で財務諸表の読み方を勉強しようとしても挫折するだろうが、100万円を運用するという観点を持てば、身が入る。

投資に慣れたプロにとっても、中小企業の財務諸表を読みとるのは難しい。それが上場企業だとしても、だ。

たとえば、評価次第で大きく棄損のリスクがある〝のれん代〟が「(良)資産」なのか「不良資産」なのかは、数字だけではわからない。その企業の経営者や関係者に直接インタビューしないと、真実は見えてこないものだ。

ひふみ投信の場合、現場に足を運び、財務諸表からだけではわからない情報を得ている。100軒あるコインランドリーのチェーン店ならば、そのうちの10軒に行き、設備の老朽化を確認する。これは財務諸表をどれほど読み込んでもわからないことだ。減価償却の残高に、設備の老朽具合は表れないからだ。

素人がコインランドリーへ行ってもわからないが、投資の専門家が行けば、得られる情報がある。その視点を学べるのだ。

実績も上々だ。ひふみ投信が2016年4月に投資した半導体メーカーの株価は1000円→4735円と、約4・7倍になった。また、2009年10月に投資したメガネチェーンの株価は150円→6060円と、約40倍である。

ひふみ投信での運用は、「稼ぐ」ことの準備になる。知識もないのにいきなり投資を始めても、上手くいかない。初めはプロに任せるのが一番だが、任せるだけではなく、ひふみ投信ならば学べることが多い。

まるでひふみ投信の宣伝のようだが、その意図はまったくない。

日米投資についての考え方の違い

アメリカ人の金融資産の株式組み入れ比率は50％を超えている。しかも、ダウ平均株価は２００９年を基点とすると、今では５倍近くになっている。要するに平均的なアメリカ人の金融資産は10年で３倍程度になっているのだ。

一方で、日本人の金融資産は預貯金偏重である。今の低金利下では、ただ銀行に預けているだけでは、金融資産はまったく増えない。デフレのおかげで損した気分にはなっていないかもしれないが、「お金に働かせる」という感覚は芽生えないだろう。

資産を増やしたいアメリカ人、資産を減らしたくない日本人という構図も考えられるのだが（リスクに関する遺伝子的には合理的な解釈ではある。先述したように、日本人にはリスクを恐れる遺伝子を持つ人が多い）、実はこの20年間、日経平均株価のグラフは平坦なのだ。これでは株式でも預貯金でもリターンは変わらなかったことになる。それゆえに、日本人の預貯金偏重は合理的な判断だったといえるのかもしれない。

そこで金融庁は、大量の個人資産を預貯金から株式市場に呼び込んで、需給を引き締め、日経平均を押し上げることで、結果的にみんな幸せになってほしいとでも考えたのだろう。

話題となった「老後2000万円問題」は、老後資金を確保するための資産形成を進める金融商品やサービスを金融業に求めつつ、個人には金融サービスを活用して老後資金を作りなさいというメッセージだ。

しかし、そんなに上手くいくものだろうか。株価というのはマクロとミクロの将来予測であるから、どんなに買い手が現れても、今の日本の大企業銘柄ではたかが知れているであろう。

とはいえ、今のアメリカのダウ平均もバブルかもしれないのだ。破裂するとアメリカ人は終わりだ。まさに神のみぞ知る世界である。いっぽうで日本は長期間フラットな世界にいたからこそ、今こそ投資タイミングが来ているのかもしれない。中堅企業を対象として、地道に仕事をしている投信に期待したい。

投資的な「飲み会」を開催する

マイクロソフトの社長時代、「フォーラム50」というパーティーを主催していた。1950年代生まれの会という意味だ。この会には官僚、研究者、アーティスト、経営者など、バラバラの素性の人たちを集めた。不思議なことに、参加していた官僚は全員が役所をやめた。後に上場企業の社長になった人はざっと10人はいた。

時代は変わったが、昨年まで隔月で「パルプンテ」というパーティーを開いていた。「パルプンテ」とはドラクエの呪文で、何が起こるかわからない、というものだ。敵への攻撃になるか、味方を回復できるのかなど、ランダムで作用する。ともかく、何が起こるかわからない、というのがポイントだ。

参加者は、分子生物学や理論物理学、鳥類学などの研究者やビジネス誌の編集長やノンフィクション本の編集者、普通のようでとんでもない経営者、ともかく経歴がぶっとんでいる人たちだ。

このような飲み会は、私にとっては「投資」だった。参加者にとっては、参加することが投資だったともいえる。彼らを混ぜることで、化学反応が起きるのだ。私は場を提供しただけで、あとは何もしていない。このパーティーをきっかけに、本の出版が決まり、コラボビールが生まれ、新たなビジネスが立ち上がろうとしている。まだまだこれからも、予想を超えることが起きるだろう。リターンは必ずしも私の手元に来るとは限らない。それでいいのだ。

投資になる飲み会はだれでもできる。友人や知人5人で飲み会を設定し、それぞれが面白いと思う人を連れてくる。第一回の飲み会は10人でやり、次回はメンバーを選別して5人で飲む。これを繰り返すうちに面白い人が集まるだろう。最初は単なる飲み会でも、将来的には実益のある投資となる。

社内の飲み会は投資にはならない

飲み会と相性がいい業種といえば飲食店だ。10年以上続いている飲食店の経営者が知り合いにいれば、ぜひ声をかけてみることをおすすめする。なぜかといえば、移り変わりの激しい飲食業を10年も続けられている人は、下手な中小企業の社長より才覚があるからだ。

飲食業は、日々の売り上げを予測しながら、仕入れをし、廃棄を考慮し、トレンドも追わなければならない。さまざまなお客に接するので、面白い人たちを見ているし、知っている。年齢の近い飲み屋の主人とは、稼ぐ力を学ぶためにも仲良くなっておいて損はない。

トレンドといえば、老舗の蕎麦屋ですら「さくらそば」など、季節感を取り入れるなど常に工夫をしている。遡れば江戸時代、蕎麦屋は組合が厳しく値段が統一されていたが、そのなかでも工夫がなされた。

浅間山が噴火し、蕎麦がとれなくなったとき、盛りを少なくした。もりそばは蕎麦粉100%でつなぎがなく、切れてしまうため茹でずに蒸していたが、蕎麦不足のためつなぎに小麦粉を入れ、茹でるようになった。蒸すよりも茹でたほうが、調理の手間が少ないからだ。悪天候が続き、さらに蕎麦がとれないため、また盛りが少なくなる。老舗蕎麦屋の盛りが少ないのはこのためだ。不利な外部要因に対応し、生き残ったのはビジネス感覚があったからだ。

さて、話を個人の飲み会に戻す。社内の飲み会は投資にはならない。

昼に顔を合わせている人間と夜も一緒にいても、新しいものは生まれない。大企業ならば普段まったく接点のない人と、趣味のクラブなどで一緒になるのはいいかもしれない。だが、同じ部署の部長、課長と飲みにいくのは不幸でしかない。

私は、新入社員の頃から部署の飲み会は断り続けていた。狭い世界で飲み会を断ると仕事に支障が出ると思うかもしれないが、そんなことで支障が出るような職場なら早々にやめたほうがいい。くだらないことで嫌がらせをしてくる連中は、遠くない未来にいなくなるからだ。

意味のない飲み会へ受動的に参加するのではなく、刺激のある飲み会を能動的に開催していくべきだ。

不動産を買うなら出口戦略を決める

2019年9月、中国のアリババの創業者、馬雲（ジャック・マー）氏が、経営トップの会長を退任した。経営者の道を歩む前に務めていた教師に復帰するそうだ。マー氏の個人資産は約4兆4900億円とされ、アジア2位の富豪である。

100万円以上の買い物は、すべて投資の感覚だと先述したが、別荘などの不動産も例外ではない。数年前に購入した熱海のリゾートマンションは、新築で購入したが、間取りを大幅に変更し、数千万円かけて内装を工事した。住み心地のためではない。出口戦略のためだ。最終的なリセールは、中国人の富裕層をターゲットにしている。

大掛かりなリフォームをほどこした理由は二つある。一つは、リセール時の市場価値を高めること。もう一つは、成金的な金持ちではなく、本物の富裕層にターゲットを絞ることだ。

デザイナーは普段店舗の設計をしている方にお願いした。改装した内装は、パッと見ると90年代の六本木で流行ったような雰囲気になっている。棚をピアノ塗装にしたり、床を大理石に変更したりしているあたりが、それっぽい。だが、実はニューヨークのアッパー・イースト・サイドのマンションがテーマなのだ。

この雰囲気の価値がわかり、購入できるのは、たとえば馬雲氏のような中国の富裕層しかいないと思っている。成金ではない中国の真の富裕層は、京都で何代も続く由緒正しい家柄の人に似ている。知的で品がある人たちだ。そんな人たちに買ってもらいたい。

将来的に、3億円ほどで売れると思っている。改装をしていない、ほかの部屋ではせいぜい半分の値段だろう。

投資先は新しいテクノロジーを持つところ

「お座敷パンダ」が欲しいといって、かれこれ15年ほどになる。自宅で飼えるサイズのパンダがいれば単純に可愛いというのもあるが、何より大儲けすることができるだろう。

＊

販売開始10年後の推定売り上げは最低でも年30兆円、利益は10兆円を超えるであろう。商品はただ一つ「お座敷パンダ専用笹ペレット」で、価格は1キロ入り1袋がたったの980円。この商品を最低1億人が毎日10年間は買い続けることになる。

パンダの遺伝子を研究し、パンダが10キロ程度の大きさになったら、成長をとめる遺伝子を見つける。次に繁殖率を犬並みに上げる工夫をし、その過程でパンダが生きるためには「専用笹ペレット」を食べつづける必要があるようにするのだ。

「お座敷パンダ」の交配は自由だ。自立的に増殖を繰り返し、地球上にあふれることになる。ネットワーク外部性だ。お座敷パンダは飼い主が勝手に増殖させる。開発者のお座敷パンダコーポレーションはその行為には加担しない。つまり外部者なのだ。

しかし、その果実は外部者であるお座敷パンダコーポレーションがすべてとるということだ。

＊

残念ながらいまだにお座敷パンダは誕生していないが、先日、ペット市場に投資したくなる出来事があった。猫の平均寿命を30歳に延ばすことができる、ある薬が開発されそうなのだ。

猫の死亡原因はほとんどが腎臓病であり、いまだに原因も判明せず、治療法も存在しない永遠の問題だった。その世界中の猫や愛猫家が待ち望んだ腎臓病の特効薬が近い未来、完成するという。

開発者は、東京大学大学院医学系研究科の宮崎徹教授だ。

宮崎教授が世界で初めて発見したのが、血液中に存在する「ＡＩＭ」というタンパク質である。病気というのは身体に溜まりすぎてはいけないものが溜まることが原因で起こる。がんならがん細胞、腎臓病なら腎臓の中に死んだ細胞などいろんなゴミが溜まった状態だ。そういう不要なゴミが溜まるのを抑え、取り除いてくれるのがＡＩＭである。

これはものすごいビジネスになるだろう。個体数の多い哺乳類を順番に並べるとヒト、牛、羊、豚、ヤギ、飼い猫、飼い犬。飼い猫は日本だけでも725万匹もいるのだが、アメリカはなんと7650万匹。Ｇ7合計で1億匹を超えるだろう。ＡＩＭ入りのペットフードがどれほど売れるか想像するに余りある。もうマースフーズやアーテミスなんかが研究室に群がっているかもしれない。

投資先は新しいテクノロジーを持つところに限る。ただし、単に技術が目新しいだけでは意味がない。その技術の先にマーケットが見えていることが肝心だ。

今、投資したい会社

先日、カリフォルニア州で「家庭でのゲノム編集禁止」とする、初のＣＲＩＳＰＲ（クリスパー）法が成立した。しかし、正確には「ＤＩＹ遺伝子編集キットに〝自己投与しないように〟との警告文の記載を義務づける」ということらしい。タバコの警告文と効力は同じなのかもしれない。つまり、やってやれないことではないということだ。

ＣＲＩＳＰＲ－Ｃａｓ９によるゲノム編集が成功したのは２０１３年。iPhone5が発売された年だ。今では標的の遺伝子をノックアウトするだけなら、通販で買うことができる。通販サイトではシステムが自動的に標的にあったガイドＲＮＡを選び出し、あとはＣＲＩＳＰＲタンパクを加えるだけという試薬を作って宅配してくれる。Synthegoなどが商業化している。

新薬であれば極めて厳格な治験過程などがあり、たとえ副作用を受容するといっても治験が認められることはない。だが、ゲノム編集ならば知識さえあれば自分で実験できるのだ。新薬は自分では作れないが、ゲノムなら自分で操作できる。もちろん今日現在、すべてのゲノムとその働きや相互作用などが解明されているわけではない。

しかし、分子生物学とゲノム編集工学の進化スピードは、電子工学やコンピューター、ネット、ＡＩの比ではない。単に一般人には知られていないだけだ。後者は半導体を作り精緻化しながら生産を巨大化し、ソフトウエアを作りネットワーク化し、グローバルで社会的な実装をすることが必要だ。一方で前者はすでに存在しているゲノムを解析することが中心なのだ。

もちろんゲノムが生み出すタンパク質とその相互作用など複雑系なのだが、自宅で難病を生み出す遺伝子をノックアウトするだけでもやってみたいと思う人が出てきてもおかしくないのだ。ほとんどの日本人は想像もしないだろうが、アメリカ人や中国人であればやってみようと思う人がすでに何千人もいるはずだ。

というわけで、前述のSynthegoなどのスタートアップ群から目を離せない。四半世紀前まだマイクロソフトに勤めていた頃、自己資金のほとんどをAmgen、Nanogen、Genentechに投資していた。実は今の資産の大部分は、この投資からもたらされたものだ。ＩＴは夢がないので投資はしなかったのだ（夢がないというと誤解されそうだが、だれでも今自分がいる業界には夢を持ちにくい。ついダメ出ししてしまうのだ）。

さて、ここからが本稿の目玉だ。

今なら以下の会社に注目して投資するであろう。かれらの共通点は研究プラットフォーム開発と植物だ。投資の足の長い遺伝子治療スタートアップ（ハイリスク＋ハイリターン＋スローリターン＝ロー期間投資益）はあえて含めていない。１００万円をＩＰＯ即投資で10年も持てば、いくらになるか楽しみだ。

Mammoth Biosciences（ＣＲＩＳＰＲ‐Ｃａｓ９のジェニファー・ダウドナ先生らが設立、ＣＲＩＳＰＲ研究プラットフォーム開発）

Inscripta（次世代ＣＲＩＳＰＲヌクレアーゼ開発による外部性構築）

Synthetic Genomics（藻類の脂質生産量拡大）

Ligandal（リガンドを利用してデリバリーメカニズム開発）

Caribou Biosciences（高スループットスクリーニング技術）

Sherlock Biosciences（遺伝子変異検出）

Pairwise Plants（低肥料農産物開発）

ちなみにInscriptaはこの夏にシリーズCが払い込まれた。参加できなかったが、ＩＰＯ時には仕込もうと思っている。私はこのリストのなかで最有望だと思っているのだ。

Inscriptaがすごいのは CＲＩＳＰＲ-Ｃａｓ９の親類であるＭＡＤ７の特許を無料で公開しはじめたことだ。その上でＭＡＤ７を使った研究を支援するためのカスタムヌクレアーゼ、試薬、機器、ソフトウエアを有料で提供する。いわば外部性を利用したビジネスモデルということになる。

第6章　未来の資産を考える

みんなが「お金」と思っていないもの

「お金」というと多くの人が円やドルといった「現金」のことを思い浮かべるだろうが、そうではない。電子マネーこそが真のお金だ、という話でもない。

あなたの総資産のなかで、手元にある現金は1%もないだろう。タンス預金でもしていれば話は別だが、そんなことをしているのは脱税している人か、大金持ちの80代くらいだ。

資産の内訳で最大比率を占めるのは、銀行口座の残高、次に金融商品が大きい。生命保険はコストとして考えがちだが、必要があれば解約し、返戻金を受け取ればいいのだから「お金」と認識するべきだ。

損害保険は掛け捨てだから仕方ないが、貯蓄型の生命保険は「お金」であり、資産である。経費ではないのだ。

生命保険に対する考え方は、会社の経営者とそれ以外の人とで違うかもしれない。

経営者の場合、生命保険は間違いなく資産と考えている。たとえば中小企業の場合、利益が出た年は、節税のため団体保険や経営者保険などに入る。すべて費用化できるからである。つまり、節税した分はすべてキャッシュになっているのだ。経営者向け保険の市場規模は8000〜9000億円ともいわれる。だが、さすがに国税庁が経営者保険による行きすぎた節税を問題視したことから、2019年2月に生命保険各社は販売休止を決定した。新たな課税ルールが決まるまで、販売自粛は続く見通しだ。

みんなが「お金」だと思っていないもののほうが、実質的なお金に占めるウエイトはずっと多い。そして、これからの時代の「お金」はさらに形を変えていく。その潮流を知らなければ、未来の資産は作れない。

デノミで100円を1円に

2019年4月は、新元号に続いて、2024年度から使われるという新しい紙幣が発表された。新札の顔となったのは、500社近い会社を立ち上げ日本資本主義の父といわれる渋沢栄一、「女子英学塾（後の津田塾大学）」を創設し女性の高等教育に生涯を捧げた津田梅子、破傷風の治療法を確立するなど感染症医学の発展に貢献した北里柴三郎と、秀逸な人選だといえる。

だが今回、1万円札を廃止しなかったのは残念だ。日本はデノミするべきだと私は思っている。簡単にいえば、現100円を新1円にするべきなのだ。

これによって現1円は新1銭となれば、流通量は激減する。また、1万円以上の小口決済は現金からクレジットカードなどに移行が進むはずだ。さらに、闇社会と家庭のタンスに蓄えられていた見えないマネーが一気に顕在化する効果がでかい。1円の価値が1ドル・1ユーロに表面的に近似するという効果もある。

ほかにも経済効果がある。ATMや券売機、レジなどの機器類、財務会計関連のソフトウエアなどの改変需要だ。有価証券や金券なども印刷し直すことになるだろう。飲食・小売り・サービスなどすべての価格表も変える必要がある。デノミを機に特別セールが実施されれば、個人消費を大いに刺激するだろう。

逆に、「1円玉と5円玉を廃止せよ」という論者もいるが、これはなくならない可能性が高い。1円玉と5円玉がなくなれば、スーパーやコンビニなどのレジが楽になり、多大な時間の無駄が省かれ、経済が上向くかもしれない（1円玉の製造原価は3円ほどかかっている）。だが、1円、2円を節約して暮らしている人がいることもまた事実だ。彼らの生活を考えると、社会的暴動が起きてもおかしくない。しかし、彼らは1万円札がなくなったとしても、暴動は起こさないだろう。

1万円札がなくなると、5000円以上はクレジットカードの支払い率が増える。また、消費者としては、高額紙幣を取り崩すことに対する心理的抵抗感が減る。キャッシュレス決済の普及は個人に関する大量のデータを生むので、新しいビジネスを後押しする効果があるはずだ。経済にとってプラスでしかない。

それにしても、日本人の「足し算引き算力」はホントにすごい。先日もコンビニのレジに並んでいたら、目の前で864円の支払いをするのに1014円出している人がいた。それを一発で150円のお釣りにするなんて神業だ（ほかの国ではありえないと思う）。ただし、年配の方だったのでそのために数分かかっており、私の後ろには3人並んでいた。Ｓｕｉｃａなら1秒で終わるのにと、このような状況に出くわすたびにいつも思う。

「なんちゃらペイ」に踊らされるな

「ＰａｙＰａｙ」や「ＬＩＮＥ Ｐａｙ」が数百億円をかけてキャンペーンを行っていたが、「7ｐａｙ」の失態でＱＲコード決済に対する世間の見方も少し変わったのではないだろうか。

セブンイレブンは2019年9月30日で7ｐａｙを終了すると発表した。第三者による不正アクセスの被害者は約900人、総額で5500万円にのぼり大きな批判を浴びた。わずか3ヶ月で撤退となったわけだが、あとになってこの失敗が、実はお得だったということになるかもしれない。

「なんちゃらペイ」が乱立している今、そのすべてが成功するわけなどない。結果的に数年後に撤退する会社が出てくるだろうが、そのときの撤退コストは大きくなるはずだ。

利用者にとって、ポイントがつくこと以外に、QRコード決済の利点はあるのか。

日本の場合、少なくとも都市部では、Ｓｕｉｃａに代表される交通系ＮＦＣ・ＦｅｌｉＣａの決済が普及しており便利だ。なんちゃらペイを使う必要性を感じない。

QRコード決済は、スマホのアプリを立ち上げて、パスコードや指紋認証を行ってQRコードを表示し、そのコードを店員に読み取ってもらう必要がある。あるいは、自分のスマホのカメラを使って、レジの横などに設置されたQRコードを読み取り、自分のスマホにわざわざ商品の金額を入力して店員に確認してもらうという、さらに手間のかかる形式もある。

それに対してＳｕｉｃａなどの交通系決済は、何も考えずにポケットからスマホかＳｕｉｃａカードを取り出して、端末にかざせば10分の1秒でピッと済む。私はiPhoneでモバイルＳｕｉｃａを使っている。新幹線や在来線だけでなく、鉄道系デパートも、コンビニも、タクシーも（ただし個人タクシーは除く。Ｓｕｉｃａが使えないことが多いからだ）全部対応しているのでまったく不自由はない。５０００円以上の決済はクレジットカードにしている。

ＱＲコードがこれほど乱立したきっかけは、ソフトバンクとヤフーが出資するＰａｙＰａｙだった。２０１８年末に「１００億円あげちゃうキャンペーン」を実施した。20％分のポイント還元に加え、抽選で当たれば全額還元になることで、大きな話題を呼んだ。

私も一度、ものは試しと、アプリをダウンロードしてみた。入会特典としてもらった５００円分のポイントで１３０円の缶コーヒーを買ったが、やはりアプリを立ち上げるのが面倒くさかった。それ以来、一度も使わず、残額の３７０円はアプリに残ったままだ。

最近では、新規ユーザーの獲得競争は一段落し、既存のユーザーの「囲い込み」を目指す企業も出てきた。「なんちゃらペイ」を入口にして、クレジットカードなど別の自社サービスにユーザーを誘導しようとしている。

たとえば、ＰａｙＰａｙは8月末まで「10％還元キャンペーン」を行っていた。ただし、ＰａｙＰａｙに出資するヤフー以外のクレジットカードを通じて支払った場合、還元率はわずか0・5％だ。ヤフーカードの加入者を増やしたいのだろうが、これは逆効果である。ヤフーカードを持たない人は利用しなくなり、ＰａｙＰａｙの潜在ユーザーは減っていくだろう。

中国発のＱＲコードは「未来の決済手段」ではない

そもそもＱＲコードは中国で爆発的に普及した決済手段だ。ＩＴ大手アリババの「アリペイ」やテンセントの「ウィーチャットペイ」の二つが約9割のシェアを占め、利用者数は十七億人を超える。

これほど普及したのは、中国が「開発途上国」だからだろう。ＧＤＰ（国内総生産）が世界第二位の経済大国といっても、一人当たりのＧＤＰでいえば、日本の四分の一に過ぎない。北京や上海などの都市部以外では、劣悪な環境に住んでいる人も少なくない。中国は、紙幣に対する信頼（紙幣偽札防止技術が未熟なので）がない途上国なのだ。

ここで、決済における「信用」について考えたい。クレジットカードは、消費者が必ず後払いするという「信用」に基づいた決済手段であるから、銀行口座に残高がなくても決済ができる。そのため、消費者への「信用」が乏しい中国では、ほとんど普及しなかった。中国の代表的なキャッシュレス決済は「銀《ぎん》聯《れん》カード」だった。これは、支払いと同時に銀行口座から引き落としがされるデビットカードのことである。口座に残高がなければ決済ができず、小売店側にとっては確実に代金が支払われることから人気を集め、中国国内で60億枚以上が発行されている。

アリペイやウィーチャットペイが画期的だったのは、決済における「信用」を企業が担保したことだ。

消費者と小売店の間に立ち、後払いであっても必ず代金が支払われることを保証した。だからこそ店舗側も安心してQRコード決済を導入することができた。アリペイを利用する人は、携帯電話や身分証明書の登録が必要だ。ただし、個人情報の登録数によって使える上限額が異なる。一つしか登録していない場合は、累計で1000元（約1万7000円）しか利用することができないが、5種類の個人情報を登録すれば年間20万元（約340万円）まで使うことができる。ユーザーの個人情報を確実に把握することで、代金の未納を防ぐことに成功したのだ。

中国でQRコード決済が普及したもう一つの要因は、決済端末がいらないことだ。都心部を除けば、中国には零細な個人商店ばかりである。キャッシュレス決済に対応するために読み取り端末を購入することは難しかった。ところが、アリペイであれば、お店が用意するのはQRコードを記したステッカー1枚だけで済む。それを消費者に読み取ってもらえば、道端の露天商であっても簡単に決済ができる。

このように中国でQRコードが爆発的に普及したのは、特殊な国内事情が大きな要因だった。

QRコードは未来の決済手段で、まるで日本が中国に後れをとっているかのような記事であふれている。だが、欧米ではほとんどQRコード決済は普及していない。100ドル以下など少額の決済であれば暗証番号やサインの必要がなく、クレジットカードの利便性が高いことも影響しているのだろう。

私は年に数回、ヨーロッパを訪れるが、QRコード決済を利用している人など見たことがない。北欧のエストニアは、行政サービスの99%がオンラインで完結する最先端の「電子立国」だ。ところが、QRコード決済どころか、現金払いしかできないお店も多い。都心部から車を少し走らせると草原が広がり、いたるところで自分の農場で作った農産物を持ち寄った「ファーマーズマーケット」が開かれている。一般の人たちはここで肉や魚など日々の食料品をまとめ買いするが、支払いはすべて現金だ。

世界的な販売網を持つクレジットカードを除けば、小口の決済手段は、各国の国内事情に合わせて発展していくものである。世界的に見ればQRコード決済は中国で普及しているだけで、「未来の決済手段」でも何でもないのだ。

QRコード決済事業の鍵はFeliCaとの提携

ここまで、QRコード決済のネガティブキャンペーンしかしてこなかったが、1〜2社は決済手段として残るだろうと思っている。QRコード決済事業者にとって、生き残りのカギは、FeliCa形式の電子マネーとの提携だろう。

FeliCaとはICカードを端末にタッチすることで、瞬時に情報をやりとりする無線通信システムのことだ。Suicaだけでなく私鉄やバス事業者による「PASMO」のほか、ドコモの「iD」やJCBの「クイックペイ」でも採用されている。いずれも端末をタッチすれば、瞬時に決済できる。

iDと提携しているのが、フリマアプリ「メルカリ」が運営している「メルペイ」だ。メルペイアプリを通じてiDでの決済も選ぶことができるのが大きい。

iDが利用できる店舗のすべてでメルペイを使えることは今後の大きな強みとなるだろう。現在、スーパーやコンビニ、チェーン展開している飲食店などで支払い可能だ。

同様に、「楽天ペイ」も来年からＳｕｉｃａと提携することを発表している。今後、ＦｅｌｉＣａ形式の電子マネーと提携したＱＲコード決済を中心にキャッシュレス業界の再編成が進んでいくのではないだろうか。

ただ、そうはいっても、最終的に生き残るのはシンプルなＦｅｌｉＣａ形式の電子マネーだろう。わざわざＱＲコード決済のアプリを立ち上げてＳｕｉｃａやｉＤを使うのは手間がかかる。Ｓｕｉｃａを単体で使ったほうがよっぽど手軽だ。

私はＳｕｉｃａをiPhoneのアプリ「アップルペイ」に登録している。実物のカードを持たずとも、スマホだけで支払いをできるのだが、ＱＲコードとは違い、わざわざアプリを立ち上げる必要はない。画面が真っ暗の「スリープ」状態であっても、端末をタッチするだけで支払いができる。

プリペイド型のため、残高が少なくなった場合はチャージしなくてはならないが、「オートチャージ」すればいいだけだ。設定した残高を下回ったときに、電車の改札の端末をタッチするだけで、クレジットカードから自動的に入金してくれるおなじみのサービスである。

嬉しいことに、オートチャージを使えばポイントの「二重取り」もできる。通常、加盟店でＳｕｉｃａ払いをした場合、「ＪＲＥポイント」がたまる。オートチャージはクレジットカードによって入金されるから、ＪＲＥポイントに加えて、クレジット会社のポイントも獲得できるのだ。

Ｓｕｉｃａはセキュリティ面でも優れている。サーバー上に入金データが存在するのではなく、個々のＦｅｌｉＣａチップを「本体」として入金するから、いわば、ＦｅｌｉＣａチップ自体が「お財布」となる。ＱＲコード決済とは構造がまったく違うから、サーバーが不正にアクセスされたところで、巨額のお金を奪われる心配はない。

決済の「ネットワーク効果」

不思議で仕方ないのは、これほどの優位性を持つ決済手段があるにもかかわらず、ＪＲ東日本は積極的にＳｕｉｃａのシェア拡大に取り組んでいるようには見えない。

Ｓｕｉｃａだけでなく、ＪＲ西日本のＩＣＯＣＡ、ＪＲ東海のＴＯＩＣＡなどＪＲ各社はそれぞれ電子マネーを発行していて、発行枚数を合わせると９０００万枚を超える。これは日本人の四人に三人が使っている計算となる。

今こそ、ＪＲグループが総力を結集するべきだ。このチャンスを目の前にして、指をくわえて見ているなんて、マヌケとしかいいようがない。

経済学には、「ネットワーク効果」という考え方がある。電話会社を例に説明しよう。契約者が１００人しかいないＡ社という電話会社と、１００万人の契約者を持つＢ社があるとする。ただしＡ社とＢ社では、相互に通話することはできない。あなたはどちらに加入するか？　もちろん、Ｂ社を選ぶだろう。１００人としか通話できない電話に価値はない。

このように、加入者数に応じてサービスの価値が決まることをネットワーク効果という。交通系電子マネーを発行する鉄道会社はこのネットワーク効果を狙うべきだ。多少の損を覚悟してでも、積極的に初期投資を行って利用者を増やすことができれば、その利便性に気づいた新規顧客がどんどん増えていくはずだ。ではＳｕｉｃａがネットワーク効果を発揮するためにはどうすればいいか。

以前、ＦｅｌｉＣａを正しく読み取れるのか試したくて、読み取り端末を購入したことがある。仕組みは簡単で、端末のコードなどをスマホやパソコン、タブレット端末に差し込むだけ。１万円ほどの安価な端末だったが、実際にデータを読みとることができた。今は値下げも進み、読みとるだけの端末であればアマゾンなどの通販サイトで２０００円台から売られている。おそらく、原価は５００円ほどだろう。

日本国内にある小売店の数は約１４０万店舗だ。卸売業者まで普及させることを目指しても、２００万台あれば十分である。原価が５００円の端末を２００万台配布したとすれば、かかる費用は10億円だ。キャッシュレス決済のビッグデータを独占的に握る企業の価値は1兆円や2兆円どころではない。10億円程度の初期投資など、すぐにもとがとれるだろう。

ここまで書いてもＳｕｉｃａにケチをつけようとする人がいる。Ｓｕｉｃａでは割り勘ができないから、中国に後れをとっているなどという。そんなもの、アプリを作ればいいのだ。ともあれ、小口決済会社は間違いなく国内小口決済100％独占企業になるから、時価総額は最低1兆円もつくだろう。10年もすればあらゆる小口決済データを超独占的に手中にできるからだ。一時的な10億円の端末配布経費など微々たるものだろう。そうやって先行投資をしてＧＡＦＡは大きくなってきたのだ。要するにネットワーク効果を獲得できるかどうかが鍵である。

しかし、残念ながら、おおもとのＪＲグループが超官僚機構であり、実は単なる鉄道屋であり、壮大なＪＲ同士の内輪揉めをしているので、日本にはまっとうな決済社会は生まれないであろう。交通系決済システムを無理やりにでも普及すれば、独占できるはずなのに、まったくしない。本当にもったいないことだ。

FeliCaは決済のデファクト・スタンダードになる

私は、FeliCaが日本だけのガラパゴスな技術にとどまっていることを残念に思う。元々、FeliCaはソニーが開発した日本発の技術だ。これを海外に輸出して世界中の鉄道会社や小売店で使われれば、大きな収益を生むことができるはずである。ところが、FeliCaは20年以上前に開発されたにもかかわらず、日本と香港など一部の国以外ではほとんど使われていない。

FeliCaは「デファクト・スタンダード」を握ることができる可能性を持つ技術だった。デファクト・スタンダードとは、パソコンにおけるウィンドウズのように、市場を独占して、事実上の標準規格となったサービスなどを指す。

ウィンドウズ95が発売したとき、私は日本マイクロソフトの社長を務めていたが、ウィンドウズを売るために、当時人気を集めていた「一太郎」に目をつけた。一太郎はウィンドウズでしか動かすことのできないワープロソフトだった。一太郎を徹底的に流行らせることで、結果としてウィンドウズを爆発的に売ることに成功し、デファクト・スタンダードをつかむことができたのだ。

ところが、ソニーには、こうした成功体験がない。ウォークマンや高性能のテレビなど優れたハードウェアを開発することには長けているが、そこから派生する新たなサービスを使ってデファクト・スタンダードを握ったことがない。FeliCaも同様で、技術を開発することができても、残念ながらそれを世界で普及させることはできなかったのだ。

iPhoneが登場したのは2007年。わずか10年ほどでスマホは世界を席巻した。技術革新は途轍もないスピードで進んでいる。現在の「QRコード狂騒曲」が一段落したと思った頃には、必ず新しい決済手段が登場することだろう。今でこそ、Suicaは優れた決済手段だが、いつまでも安泰とはいえない。

どんな新技術が登場するのか、2~3年後のことですら正確に予測することは不可能だ。私は成長企業に対して投資を行うベンチャーキャピタリストでもあるが、ITやキャッシュレスの分野だけには手を出してはいけないと思っている。ただ、キャッシュレスの分野で新たなデファクト・スタンダードになりうる技術はある。それは、顔認証システムだ。今後、コンビニなどの小売店はレジがなくなり、いわゆる無人店舗になっていくだろう。

最近、この分野に進出したのがアマゾンだ。シアトルで運営する「アマゾンGO」では、店内に設置されたセンサーやカメラを通じて購入した商品を人工知能が認識。そのまま店を出るだけでアマゾンアカウントを通じて決済が行われる。

実は、アマゾンが高収益を上げているのは万引きがゼロだからだ。アメリカのコンビニやスーパーにおける万引き率は売り上げの2%弱にのぼり、経営を圧迫している。通販サイトだけでなく、実店舗でも万引きゼロを実現している。

ただ、アマゾンGOは入店する際にダウンロードしたアプリのバーコードをかざす必要があるので、その分、手間がかかる。これが顔認証システムになれば、店舗の入口に設置されたカメラで顔を認証してもらい入店。電子タグのついた商品を持って店を出るだけで、クレジットカードなどあらかじめ登録しておいた決済手段で自動的に支払いができる。財布もスマホもいらず、手ぶらで買い物ができる。

昨年末、セブンイレブンとNECは顔認証で入店・決済できる店舗の実験を行った。ただ、顔認証で決済する際には自らレジ端末に設置されたカメラを操作しなくてはならない。今後に向けての課題もあるが、日本企業はどんどんこの分野に力を入れていくべきだ。決済手段は生物と同じだ。強いものが生き残るのではない。環境の変化に柔軟に対応し、進化を続けた者だけが生き残ることができる。

日本企業は「なんちゃらペイ」に惑わされている場合ではない。今こそ新時代に向けたキャッシュレス戦略を練るべきなのだ。

現金に代わる通貨の未来 ～デビットカードすら普及しない日本～

現金の使用率はどんどん減っていくのは間違いない。その代替は、デジタル通貨が考えられるが、マイニング系のコイン、つまりビットコインは規制がかかるだろう。

仮想通貨のマイニングは高性能なコンピューターを大量に使うため、膨大な量の電力を消費する。その影響力は、地球の平均気温を上げるほどだという試算結果がある。ビットコインのマイニングによる、CO_2排出量はスリランカの年間排出量以上だともいわれている。アメリカのモンタナ州ミズーラ郡では、水力発電による電力がマイニングに使われると、住人は化石燃料由来の電力に切り替えなければならなくなる。2019年4月に、ミズーラ郡の自治体は、マイニング業者に規制を課した。

このまま計算資源を大量に使い続けたとしたら、何が起こるか。地球全体のエネルギー半分をマイニングに使っていた、ということになりかねない。規制がかかるまではギャンブル的に買ってもいいかもしれないが、資産として保有するべきではない。

法定通貨や金などを担保としている、ステーブルコインも将来性があるとはいえない。日本でもメガバンクが、日本円連動のステーブルコイン（円ペッグ通貨）を展開しているが、上手くいかないだろう。今後、各地の地銀を中心に地域通貨が作られるため、その価値を保証しようというのだが、それは現金で十分だ。高齢化が進む地方で、スマホ必須の決済を浸透させるのも難しい。デビットカードですら普及しないのが、日本の社会なのだ。

リブラは浅草から広まる⁉

フェイスブックが2019年6月18日（現地時間）に仮想通貨「Libra（リブラ）」を発表した。開始時期は2020年とされる。

それと同時に、リブラは世界各国の中央銀行や規制当局、政治家を中心に、プライバシーの保護や国家の金融政策への脅威になると懸念も噴出し、なかには開発停止を求める声もあり、本当に予定通り2020年にローンチされるかなど、今後の動向が注目されている。

以下は、リブラが予定通り開始されるのを前提とした私の妄想だ。

・弱小通貨はさらに弱体化する。
リブラリザーブは全発行残高に見合う通貨ミックスらしい。それゆえに為替レートのボラティリティー（価格変動）が大きい通貨から決済性の資産が逃避してくるかもしれない。さらにKivaなどのマイクロレンダーがリブラベースで貸し付けはじめると、むしろ途上国で本格的に日常的な通貨化する可能性がある。結果的にさらに弱小通貨は弱体化する。

・アマゾンの動向が鍵になる。
経済産業省によれば越境ECの規模は2020年で100兆円を超える。さらにフルフィルメントバイアマゾンなどでのアセットバックトレーディングを考慮すると、リブラが一気に企業間商取引・金融取引に拡大する可能性がある。

・中国企業は参加しない。
中国は人民元を国際決済通貨にする国家戦略を持っているので躊躇するだろ

う。よって、アリババなどは参加させない。アリババやテンセントも国内で強大な決済システムを持っているので様子見になる。しかし海外顧客の決済ではリブラを受けとるであろう。結果的にリブラ建ての外貨準備が積み上がる。

・日本の銀行のバランスシートが小さくなる。

リブラ建ての利付預金が発売されると、日本でこそリブラ預金に注目が集まるだろう。為替変動の危険性が減り、ゼロ金利政策に悩まされていた個人が動く。結果的に金融緩和による通貨戦略は通用しなくなる。

もう少し具体的に考えてみよう。リブラが狙っているのは、フィリピン人メイドの送金かもしれない。フィリピン中央銀行によると、2018年の出稼ぎ労働者ら在外フィリピン人からの送金額は、289億ドル（約3兆2000億円）で、過去最高となった。

世界銀行の調べでは、従来の銀行や送金業者では、送金手数料は平均して送金額10％前後にのぼる。すでにアメリカでは、個人向けの国際送金サービスを提供するアプリが人気だ。モバイル送金業者なら、送金手数料を3％程度に抑えることができる。アメリカ最大手のRemitly（レミットリー）は昨秋1億1500万ドル（約130億円）を調達し、米国でも注目のフィンテック企業の一つだ。アマゾンのジェフ・ベゾスも投資している。当初はアメリカからフィリピンへの送金に特化していたが、現在はインド、メキシコ、コロンビアなど10ヶ国にお金を送ることができる。年間約40億ドルがレミットリー上で送金される。

リブラはここを狙っている。国内通貨として最初に流通するのは、フィリピン、北朝鮮、バングラデシュ、ナイジェリア、東欧諸国など出稼ぎ人の多い国だろう。アンダーグラウンドの住人が闇送金に使いたがるだろうが、ロンダリングについての対策はしっかり行われるはずだ。

本書の読者は、リブラがいつから日本で使われるか気になるかもしれない。

しかし、フェイスブックは日本をほとんど相手にしないだろう。日本だけではなく、イギリスやドイツなどG7での流通は目的ではないのだ。途上国とアメリカをつなぐことにメリットがある。

10年ほどすると、インバウンドでリブラ決済が始まるかもしれない。リブラを受けとった土産物屋が、隣の蕎麦屋で食事をしたときにリブラで支払いをする……といったふうに日本国内では流通しはじめるだろう。そうなると、リブラが最初に使われるのは浅草だ。京都にも観光客は多く訪れるが、保守的な京都人のことを考えると、やはり浅草だろう。少なくとも大手町からは始まらない。

ドルは事実上の基軸通貨

第二次世界大戦後から1971年のニクソン・ショックまで続いたドル基軸通貨体制だが、今もドルは事実上の基軸通貨である。アメリカの経済規模や金融市場の流動性の高さが背景にあるが、ドルの決済力が大きい。たとえば、日本とベトナム間の決済は、円建てでもドン建てでもなく、ドル建てにすることが多い。

国際資金決済には「カバー」といわれる仕組みがある。決済を行う金融機関同士が通常は決済通貨の母国（ドルの場合、米国）の金融機関にある口座を介して決済資金の付け替えが行われる。日本・ベトナム間の取引でありながら、決済は在米金融機関の間で行われているのだ。

ドルを介さずに直接、円とドンを交換すればいいように思うかもしれないが、通貨に対する需給の問題がある。「円→ドン」と「ドン→円」の交換が成立するためには、双方向の取引が常時相当の規模で行われている必要がある。

ちなみに、多くの場合、ドルを介した取引のほうが、マイナー通貨間の直接交換よりも、手数料が少なく済む場合が多い。なぜならドルが絡む外国為替市場では相当額の取引が行われているため、「ドル以外の通貨→ドル」「ドル→ドル以外の通貨」二つの取引の手数料を合わせても直接交換した際の手数料を下回るからだ。このような手数料の安さも「ドルを介した国際決済」の優位性の一つである。

米国政府やＦＲＢ（連邦準備制度理事会）は、米国内の銀行・金融機関の取引を厳しく管理・監督している。従って、「ドルを介した国際決済」は米国内の決済システムを通じてすべて米国政府やＦＲＢの知るところとなっている。そして米国政府やＦＲＢが望ましくないと判断した取引は、「ドル利用禁止」といった手段を使って差し止められることになる。アメリカは経済制裁の手段として、「ドル利用禁止」を持っている。これは貿易禁止にほぼ等しい。このように、「ドルを介した国際決済」という制度を通じて、米国政府やＦＲＢは世界全体の取引を監視し、必要に応じて望ましくない取引を止める権力を有している。

ドル決済を支えているのは市場の厚みだけでなく、ドルを決済する米国内決済システムの安定性や利便性、透明性による部分も大きい。

余談になるが、ドルの強さには、シニョリッジ（通貨発行権）もある。アメリカはドルを刷れば刷るほどに儲かるのだ。発行した通貨・紙幣から、その製造コストを控除した分は利益となる。100ドル紙幣の製造コストが1ドルだとしたら、99ドルの儲けだ。国際決済でドルが使われれば、アメリカはその分のドルを発行しなければならない。ドルは対外的に使われ、国内の流通量が増えるわけではないので、インフレにはならない。

だが、何らかのことが起こり、海外にあるドルがすべてアメリカ国内に戻ると、すさまじいインフレが起きる。たとえば、人民元がアジア圏の決済に使われ、ドルが使われなくなるかもしれない。アメリカはこれを恐れている。対中国問題は、実は通貨問題なのである。

もし2000万円あるなら「円」で持つな

アフリカ南部のジンバブエでハイパーインフレが発生している。2019年6月、インフレ率（前年比）の上昇は176%だ。状況は悪化する一方で、中央銀行は7月以降、公式発表をやめた。

ある推計では2019年8月中旬の前年比インフレ率は559%とされる。

公務員や軍人は、給料を自国通貨で受け取っても、一瞬で価値が暴落するため、米ドルでの支給を政府に要求している。

当然ながら、経済は深刻な混乱状態だ。為替市場では通貨が暴落し、生活必需品の輸入もままならない。多くの商店の棚にはほとんどものがなく、ガソリンスタンドには長蛇の列ができている。電気は夜に数時間、水道水は週に一度数時間流れるだけだという。

輸出で外貨を得ようにも、農作物の種を購入する資金がない。国連は、このままではジンバブエの人口の約半数が来年初め頃に1日1食しか食べられない飢餓に陥ると警告している。

同じく、ベネズエラでもハイパーインフレが発生した。主な原因は、石油をはじめとする輸出産業の不振で外貨不足に陥り、食料を中心とした必需品が輸入困難になったためだ。

このようなハイパーインフレが日本でも起きるという可能性は低いだろう。だが、インフレが起こる可能性はある。インフレになったとき、資産をすべて円で持っているのはリスクでしかない。

資産が100万円ほどなら、円で持つ以外に方法はない。別の資産に変える際の決済手数料で、資産が大きく目減りしてしまうからだ。

しかし、2000万円以上の資産があるなら、円以外で持つことも考えなければいけない。円が暴落したときに、他国の通貨を持っていればそれだけで大儲けだ。万が一だが、日本がスタグフレーションやハイパーインフレになったとき、円でしか資産を持っていない人はドルや人民元を慌てて買うことになるが、あとの祭りだ。ジンバブエがいい例である。

為替レートの変動に対して強くなるためには、ドルを持つべきだ。ドル以外の通貨は資産と考えなくてもいいくらいである。トルコリラやブラジルレアル、ユーロでさえギャンブルに近い。政治的リスクが高すぎるのだ。今後、買っておいて損がないのは人民元かもしれないが、増えたとしても日本円に換えられるのか疑問が残る。

意外と狙い目なのは、ベトナムやマレーシアなど東南アジアの通貨だ。10年、

20年単位で見ると、下がることはない。上がるだけだ。戦後の日本がたどってきた道と同じである。ブレトン・ウッズ体制の下、1ドル360円の固定レートに始まり、1971年のニクソン・ショックで変動相場になると1ドル260円台まで円高が進んだ。1985年のプラザ合意後、バブルの影響もあり1ドル160円となり、その後も世界経済の影響を受け円高と円安を繰り返しながら、本書執筆現在は1ドル106円だ。3倍になっている。

第2章では、東南アジアの新興国に不動産を買うことをすすめた。そこの通貨を持ち、価値が上がったところで、そのまま使えるのは大きい。繰り返しになるが、LCCですぐに行ける東南アジアに不動産を持ち、現地の銀行に預けておいた現地通貨で滞在費を払えばいい。

おわりに

今から750年ほど前のこと、マルコ・ポーロが『東方見聞録』を書いた。この旅行記は、マルコがアジア諸国で見聞きした、珍しい産物や住人、信仰などについて記されている。そのなかでも特に彼が驚き、興奮したことが伝わってくるのは、中国の紙幣についてだった。

この時代、中国の紙幣は、桑の樹皮から作られた黒いシート状のものを裁断し、複数の役人が署名を施したものだ。そして最後に、当時、中国を支配していたフビライ・ハンの朱印が捺された。

紙幣は金貨や銀貨と異なり、そのもの自体に価値はない。紙幣の価値は、政府の権威だけを裏付けとしていた。「朱印が捺された桑の樹皮はお金である」

と、フビライ・ハンが宣言すればお金になったのだ。

マルコ・ポーロが知ったとき、桑の皮で作られた紙幣は新しいものではなかった。遡ること西暦1000年頃に、中国の四川辺りですでに使われていた。中国の統治者が、辺境に位置する四川において、金貨や銀貨の国外への流出を懸念し、代わりに鉄製の硬貨を使うよう命じた。

鉄製の硬貨の問題は、重すぎることだ。銀貨なら50グラムで済む買い物も、鉄貨だと60キログラムの鉄を引き渡すことになる。重さで比較すると、塩のほうが価値が高い。このような状況から鉄貨に代わって、借用書（原始的な紙幣）が使われるようになったのだ。

時代が進むにつれて、お金の形は変わってきた。現在使われている紙幣や硬貨に変わって、新しい形のお金が主流となるのは遠くない未来だろう。そして、それはQRコード決済のように、面倒なものではないはずだ。

最後に、本書を執筆するにあたり、お世話になった編集の村上峻亮さん、構成の仲尾夏樹さんに感謝を述べたい。編集協力の呉琢磨さん、構成の仲尾夏樹さんに感謝を述べたい。

カバーデザイン　フロッグキングスタジオ
カバー写真　隼田大輔
カバーイラスト　越井 隆
構成　仲尾夏樹
編集協力　呉 琢磨
校正　東京出版サービスセンター
ＤＴＰ　アレックス

成毛 眞

なるけ・まこと

1955年北海道生まれ。中央大学商学部卒業。自動車部品メーカー、アスキーなどを経て、1986年日本マイクロソフト株式会社入社。1991年同社代表取締役社長就任。2000年に退社後、投資コンサルティング会社・インスパイア設立。2010年書評サイト「HONZ」を開設、代表を務める。元早稲田大学ビジネススクール客員教授。著書に『面白い本』(岩波新書)、『情報の「捨て方」』(角川新書)、『大人はもっと遊びなさい』(PHPビジネス新書)、『AI時代の人生戦略』(SB新書)、『理系脳で考える』(朝日新書)、『発達障害は最強の武器である』(SB新書)、『黄金のアウトプット術』(ポプラ新書)、『amazon』(ダイヤモンド社)、『定年まで待つな!』(PHPビジネス新書)、『俺たちの定年後』(ワニブックスPLUS新書)、『人生も仕事も変わる! 最高の遊び方』(宝島社)など多数。

ポプラ新書
171

金のなる人
お金をどんどん働かせ資産を増やす生き方
2019年11月6日　第1刷発行

著者
成毛 眞
発行者
千葉 均
編集
村上峻亮
発行所
株式会社ポプラ社
〒102-8519　東京都千代田区麹町4-2-6
電話　03-5877-8109（営業）　03-5877-8112（編集）
一般書事業局ホームページ www.webasta.jp
ブックデザイン
鈴木成一デザイン室
印刷・製本
図書印刷株式会社

N.D.C. 007/186P/18cm　ISBN978-4-591-16311-5

P8201171

秩序なき時代の知性

佐藤　優

佐藤優が今もっとも注目するさまざまな分野のプロフェッショナルたち。古い常識や思想を超え今の時代を摑むには、新しい知性が必要。権力になびかず時代を嘆くこともない、最先端の柔軟な思考は、先の見えない時代を生きるうえでの力強い助けになるはずだ。

ポプラ新書　好評既刊

自分のことだけ考える。

堀江貴文

勇気を与える、ホリエモン初のメンタル本！　他人の目が気になる、人前に出ると緊張が止まらない、悪口を引きずってしまう、モチベーションを持続できない……。こうした心の悩みを抱え、自分のやりたいことにブレーキをかけてしまっている人は多い。我慢せずに無駄なものを遠ざけ、心をフラットに生きる方法。

好きなことだけで生きていく。

堀江貴文

「断言しよう。人は好きなことだけして生きていける。それは、例外なく、あなたも――」。12万部突破！　他人、時間、組織、お金、欲望などにふりまわされず、自分の「好き」を生きがいにするため、どう考え、どう行動すればいいのかをホリエモンが明快に説く！　最初の一歩を踏みだすことができない不器用な人たちに勇気を与える最強の人生指南書。

生きるとは共に未来を語ること　共に希望を語ること

昭和二十二年、ポプラ社は、戦後の荒廃した東京の焼け跡を目のあたりにし、次の世代の日本を創るべき子どもたちが、ポプラ（白楊）の樹のように、まっすぐにすくすくと成長することを願って、児童図書専門出版社として創業いたしました。

創業以来、すでに六十六年の歳月が経ち、何人たりとも予測できない不透明な世界が出現してしまいました。

この未曾有の混迷と閉塞感におおいつくされた日本の現状を鑑みるにつけ、私どもは出版人としていかなる国家像、いかなる日本人像、そしてグローバル化しボーダレス化した世界的状況の裡で、いかなる人類像を創造しなければならないかという、大命題に応えるべく、強靭な志をもち、共に未来を語り共に希望を語りあえる状況を創ることこそ、私どもに課せられた最大の使命だと考えます。

ポプラ社は創業の原点にもどり、人々がすこやかにすくすくと、生きる喜びを感じられる世界を実現させることに希いと祈りをこめて、ここにポプラ新書を創刊するものです。

未来への挑戦！

平成二十五年　九月吉日　株式会社ポプラ社